本书受内蒙古哲学社会科学基金、内蒙古财经大学文库支持、
内蒙古政府办公厅和内蒙古行政管理学会资助。

# 牧区民生发展报告

## ——基于内蒙古自治区的研究

A Development Report About
Pastoral Area People's Livelihood

孔春梅　赵首军　王佳锐/编著

经济管理出版社
ECONOMY & MANAGEMENT PUBLISHING HOUSE

**图书在版编目（CIP）数据**

牧区民生发展报告——基于内蒙古自治区的研究/孔春梅等编著．—北京：经济管理出版社，2015.12

ISBN 978-7-5096-4190-3

Ⅰ.①牧…　Ⅱ.①孔…　Ⅲ.①牧区—社会保障—研究报告—内蒙古　Ⅳ.①D632.1

中国版本图书馆 CIP 数据核字（2015）第 304372 号

组稿编辑：王光艳
责任编辑：赵晓静
责任印制：黄章平
责任校对：赵天宇

出版发行：经济管理出版社
（北京市海淀区北蜂窝 8 号中雅大厦 A 座 11 层 100038）
网　　址：www.E-mp.com.cn
电　　话：（010）51915602
印　　刷：北京九州迅驰传媒文化有限公司
经　　销：新华书店
开　　本：720mm×1000mm/16
印　　张：10.5
字　　数：177 千字
版　　次：2018 年 4 月第 1 版　　2018 年 4 月第 1 次印刷
书　　号：ISBN 978-7-5096-4190-3
定　　价：58.00 元

# 前　言

牧区在我国经济社会发展大局中具有重要的战略地位。党中央、国务院历来高度重视牧区工作，在不同历史时期都对牧区工作做出过重要决策和部署，并不断加大支持力度。2011 年《国务院关于进一步促进内蒙古经济社会又好又快发展的若干意见》（国发〔2011〕17 号）政策文件，是中央专门针对内蒙古自治区未来发展而制定的政策，对指导内蒙古自治区未来发展具有战略指导意义。

内蒙古自治区位于中国的西北方，拥有全国最大的天然牧场，牧区面积有 61 万平方公里，占全国牧区面积的一半以上，在各族干部群众的共同努力下，牧区经济社会发展与民生改善取得重大成就。但是，由于自然、地理、历史等原因，内蒙古自治区牧区发展仍然面临不少特殊的困难和问题。牧区整体经济发展水平不高，产业结构单一，经济发展高度依赖自然资源；牧区有许多牧民家庭生产、生活较困难，主要靠国家禁牧补贴生活，收入增长趋缓；牧区基础设施建设滞后，教育、医疗、养老、就业等社会民生事业发展明显不足，少数民族高校毕业生和转移牧民就业尤为困难；矿山开发与环境保护矛盾突出；牧区贫富差距较大，贫困牧户人口仍占较大比例，“三牧”问题依然突出，严重影响精准扶贫进程和全面小康社会的实现。随着 2020 年全面建成小康社会的目标逐步临近，加快牧区的民生发展，一个也不能落下，已成为现实中的重要任务。

为落实中央精神，加快促进内蒙古自治区牧区经济社会又好又快发展，“内蒙古自治区牧区经济社会发展与民生改善”课题组从 2011 年 8 月开始深入内蒙古自治区盟、市、旗、苏木乡 12 个牧区，20 多个苏木、嘎查村，进入 47 户牧民家中，行程 15000 多公里，通过开展实地考察、问卷调查、与牧区嘎查负责人及基层政府相关职能部门进行座谈等方式开展调查研究，课题组取得大量第一手资料。牧区经济社会发展与民生改善问题的解决具有长期性、艰巨性、复杂性，是一项系统工程，需要持续跟踪研究，因此，课题组以内蒙古自治区牧区经济社会发展与民生改善的问题作为内蒙古自治区政府办公厅和行政管理学会的重点课题，课题研究得到所到牧区地方政府和政府相关部门工作人员及牧户牧民帮助和支持。

本书以指导牧区经济社会发展和民生改善相关的经济和公共管理学的基本理论和政策为指导，本着"问题导向"的思路，通过与牧民、嘎查负责人、基层政府工作人员的访谈和座谈，通过深入牧区的实地考察，了解当前牧区经济社会发展与民生领域存在的问题，按照"问题导向"原则，依据牧民反映强烈程度、对牧区经济社会发展影响强弱等因素，整理出了目前牧区经济社会发展与民生领域存在的十大问题：牧民收入增长趋缓、牧民就业难、牧区基础设施建设滞后、政府财政补贴失衡与牧区金融服务落后、牧区社会管理问题、牧区生态保护问题、牧民组织化问题、牧区土地流转问题、牧区公共服务供给问题、牧区生产方式转变的衍生问题。课题组对这些问题逐一进行了梳理、分析，依托相关理论探讨了问题存在的根源，并在此基础上探索和构建与牧区民生发展密切相关的指标体系，以全面规范可衡量地指导牧区民生工作。

本书由五部分组成：第一章为牧区民生发展的特殊性及重要意义，第二章为牧区民生发展的相关理论，第三章为牧区民生发展的影响和制约因素分析，第四章为对内蒙古自治区牧区民生发展的政策建议，第五章为内蒙古自治区牧区民生发展指标体系构建。

民生连着民心，民心关系国运。民生问题是中国改革最大的问题，解决民生问题是最大的政治，改善民生则是最大的政绩。朝着全面小康社会逐步迈进，我们谋求共同富裕的发展方式。

# 目　录

# 第一章

## 牧区民生发展的特殊性及重要意义

民生连着民心，民心关系国运。民生是中国改革最大的问题，解决民生问题是最大的政治，改善民生则是最大的政绩。朝着全面小康社会逐步迈进，我们谋求共同富裕的发展方式。

内蒙古自治区拥有全国最大的天然牧场，牧区面积有 61 万平方公里，占全国牧区面积的一半以上，随着 2020 年全面建成小康社会的目标逐步临近，加快牧区的民生发展，一个也不能落下，已成为现实中的重要任务。为此，我们应坚持把城市牧区协调发展、共同富裕当作一件改善民生、促进民族团结、增进社会和谐、保持边疆安定的大事来做。

在内蒙古自治区良好发展的环境和国家的大力扶持下，内蒙古自治区牧区经济社会发展呈现出显著变化，生态、水、电、路、通信网络等基础设施建设的步伐加快，牧民收入消费水平不断提高，生产、生活条件得到改善，教育、医疗卫生、社会保障等公共事业得到前所未有的发展，尤其是因病致贫、返贫和看病难、上学难等问题的解决初见成效。在肯定成绩的同时，也应该看到内蒙古自治区牧区经济社会发展仍面临着诸多困难和问题亟待解决。站在现实角度上，牧区与城镇居民的民生发展水平仍有差距，要实现全区小康，仍有一些问题需要解决。

# 第一节　牧区民生发展的丰富内涵

## 一、民生的内涵与外延

中国很早就存在“民生”这个概念。《左传·宣公十二年》曰：“民生在勤，勤则不匮。”《辞海》对“民生”的解释为“人民的生计”，是一个带有人本思想和人文关怀的词语，语境中渗透着一种大众情怀。近现代，孙中山先生将民生主义作为拯救中华民族的治国理念，他在《民生主义》一文中认为：“民生就是人民的生活、社会的生存、国民的生计、群众的生命。”中国共产党人很早也开始关注民生问题，不同历史时期党所面临的具体任务不同，对民生的定义也有所差别。

对“民生”这个概念至今没有统一的表述，主要存在五种观点：第一，民生是指跟老百姓过日子相关的所有问题，学者郑杭生就持这种观点。他认为民生就是老百姓生活中的与衣食住行、生老病死等相关的问题，也可以说是老百姓过日子所遇到的各种问题。第二，民生是指各级政府有责任解决与广大人民群众生存与发展直接相关的基本问题，而与广大群众生存与发展间接相关的、非基本的问题不包括在内。第三，应从关注民生主体的角度来把握其内涵，离开吃穿住行，脱离多数人的生计来谈论民生，只会是一个空洞的概念。第四，民生是一个动态的概念，应该从发展的维度去理解。在不同社会和相同社会的不同发展阶段，广大民众对民生的期望和诉求各不相同，因而民生的表现形式也不相同，该观点同时把民生内容分为两个发展阶段：第一阶段的民生是对基本生活资料的获得以及对基本生存需要的满足；第二阶段的民生是不断提高民众的物质生活质量，同时丰富民众的精神文化生活，并追求社会公平正义、和谐。第五，党的十七大报告提出“着力保障和改善民生，推进社会体制改革，扩大公共服务，完善社会管理，促进社会公平正义，努力使全体人民学有所教、劳有所得、病有所医、老有所养、住有所居，推动建设和谐社会”，这是从国家管理和政策制定角度提出我国民生问题的核心以及改善民生最亟须解决的方面，这一说法被相当数量的文章直接引述为民生概念。这也是我们党正式提出、使用“民生概念”的开始。

党的十八大以来，习近平总书记多次发表重要论述，指出了保障和改善民生的重要意义，提出当前和今后一段时期民生工作的着力点，将广大人民群众凝聚到追求幸福中国的目标上来。习总书记的“民生观”在宏观层面上具有原则性、实惠性、持久性，在具体层面上涵盖住房、就业、养老等关乎老百姓生活的各个方面。国家行政学院公共管理教研部教授汪玉凯表示，“十八届三中全会部署的60 项改革中，有 18 条是关乎民生的，包括医疗、教育、就业、住房，等等”。在住房方面，习近平总书记强调，加快推进住房保障和供应体系建设，是满足群众基本住房需求，实现全体人民住有所居目标的重要任务。同时明确了住房供应体系“总的方向”，是构建以政府为主提供基本保障、以市场为主满足多层次需求的住房供应体系。“十二五”规划提出，到 2015 年全国保障性住房覆盖面达到20%左右。习近平总书记指出，这是政府对人民做出的承诺，要全力完成。在就业方面，“就业是民生之本”。我国每年新增 1000 多万就业人口，必须大力促进就业创业。习近平总书记强调解决就业问题根本要靠发展，没有一定增长不足以支撑就业、解决就业问题，把经济发展的蛋糕做大，把就业的蛋糕做大。在养老方面，“让所有老年人都能老有所养、老有所依、老有所乐、老有所安”。习近平总书记对我国养老保障问题指明了美好前景。

本书认为，牧区民生是指与牧民生存和发展密切相关的基本问题，如教育、养老、医疗、卫生等。具体来说，民生问题由高到低呈现出递进的两个层面的内容。

第一个层面的内容，主要是指民众基本生存状态和社会福利状况。这一层面的民生问题主要侧重民众基本的“生计来源”和“生活质量”问题，即当社会救济，最低生活保障、基础性的社会保障、义务教育、基础性的公共卫生、基础性的住房保障等方面得到解决后，随着经济发展水准和公共财力的大幅度提升，进一步需要考虑的问题，应当是为全体社会成员提供生活质量全面提升的福利。这一层面的民生问题将作为一个重要目标列入改善民生的中长期目标体系中。

第二个层面的内容，主要是指民众基本的发展机会、发展能力。这一层面的民生问题主要侧重民众基本的“生计来源”，考虑每一个社会成员“要有能力和机会活下去”的问题，即一个社会在满足了社会成员基本生存问题之后，就应考虑社会成员基本的发展能力和发展机会问题，以期为民众提供起码的发展平台和发展前景，其具体内容包括促进充分就业，进行基本的职业培训，消除歧视，提供公平合理的社会流动渠道以及与之相关的基本权益保护问题等。

## 二、牧区民生发展的特点

内蒙古自治区地处祖国北部边疆，是我国最大的畜牧业生产基地。内蒙古自治区牧区的发展在我国国民经济和社会发展中扮演着重要角色，是我国国民经济的重要组成部分，它的发展关系到国计民生，关系到少数民族地区的发展稳定。除自然条件差、经济发展落后等牧区共同的发展特征外，内蒙古自治区牧区在政治、经济、社会、文化上又具有其自身的特点。

1. 地域性

从地理位置和战略地位上看，内蒙古自治区地处祖国正北方，跨越东北、华北、西北，内与黑龙江省、吉林省、辽宁省、河北省、山西省、陕西省、宁夏回族自治区、甘肃省八省区毗邻，外与俄罗斯联邦和蒙古国接壤，国境线长 4200 多公里，边境管理区面积 38 万多平方公里，占全区面积近 1/3，有对外开放口岸 19 个，是全国对外开放的北部窗口，是祖国的“北大门”，首都的“护城河”。其中，内蒙古自治区牧区位于大兴安岭以西，燕山山脉—阴山山脉—贺兰山—河西走廊一线以北，中蒙、中俄边界以南，自西向东延伸 3000 多公里，边界线长达 5000 多公里，包括 24 个旗市，面积约 70 万平方公里，占内蒙古自治区总面积的 60%。牧区民生的稳定，不仅关系到内蒙古自治区的安宁，更关系到国家安全稳定大局。

2. 民族性

内蒙古自治区牧区是我国最大的牧区。它东起大兴安岭，西至额济纳戈壁，面积 88 万多平方公里，草原面积 13.2 亿亩，约占全国草场面积的 1/4，全区生长着各种牧草近千种。牧区地处边疆少数民族聚居区。除蒙古族是自治民族外，还有达斡尔族、鄂温克族、鄂伦春族、回族、满族、俄罗斯族、朝鲜族等自治旗、民族乡、民族区等，这些少数民族大部分以经营草原畜牧业为主。草原畜牧业是这些民族的传统产业，是物质生活和收入的主要来源。利用丰富的草原资源，发展草原畜牧业，提高牧区人民的物质生活水平，对开发边疆、建设边疆，促进各民族共同繁荣，增强民族团结，巩固祖国边防，捍卫国家的统一都有十分重要的意义。但牧区生态环境脆弱，草原生态环境的不断恶化、退化、荒漠化严重、鼠虫害严重、有毒有害植物滋生、超载放牧等给牧区发展带来严重的阻碍，尤其是牧区技术条件落后，很难自己应对这些自然灾害。自然灾害一旦发生，对牧民的生产生活犹如灭顶之灾。

蒙古族等少数民族拥有自己的语言和文字，多数牧区牧民除了本民族语言外，不懂汉语，给信息交流和信息建设带来很大难度。少数民族有自己的传统和习俗，在丰富祖国民族文化宝库的同时，部分落后的文化又成为现代文明建设的羁绊。由于各个少数民族的宗教信仰、民族文化不同，在民族和文化相互融合的过程中必然存在一些冲突，这种情况虽然得到改观，但思想观念的落后仍然是影响牧区社会改革的重要因素。

3. 生态脆弱性

草原是可再生资源，具有净化空气，美化环境；调节气候，涵养水分；防风固沙，保持水土；提高肥力，治灾减害；保护自然界遗传基因库等多重功效。然而内蒙古自治区牧区多处干旱、半干旱地区，生态环境表现出明显的脆弱性，尤其是生态环境在经济社会发展中的不断退化导致经济社会发展的承载能力弱化。据赵跃龙的测算，内蒙古自治区生态环境脆弱系数为0.6186，属强度脆弱。脆弱的生态环境，对牧区民生发展产生了一定的阻碍作用。

国家环保局统计（1999年）资料显示，内蒙古自治区退化草原面积已占自治区草原面积的31.77%。20世纪60年代内蒙古自治区草原面积为13.2亿亩，20世纪80年代下降为11.8亿亩，20世纪90年代下降为10.37亿亩。内蒙古自治区科尔沁草原退化面积达50%左右，每年以3.7%的速度增长。内蒙古自治区呼伦贝尔草原退化面积从20世纪60年代占草原面积的15%增加到20世纪80年代的49%。锡林郭勒盟草原面积为2.95亿亩，可利用草场面积为2.67亿亩，截至2005年，草原退化占可利用草场的74%。据内蒙古自治区草原勘探院调查显示，内蒙古自治区33个典型牧区旗县从20世纪60年代到21世纪初，都出现了大面积的退化现象，截至2002年，除极个别区域外退化面积占可利用草原面积均超过了50%，有的旗县像翁牛特旗、乌审旗、鄂温克自治旗、苏尼特左旗、苏尼特右旗、东乌珠穆沁旗、乌拉特中旗甚至达到了100%，这样的退化速度是骇人的。本来内蒙古自治区有五大草原：呼伦贝尔草原、锡林郭勒草原、科尔沁草原、乌兰察布草原、鄂尔多斯草原，现如今，科尔沁草原、乌兰察布草原、鄂尔多斯草原三大草原基本消失，特别是乌兰察布草原成为内蒙古自治区土地沙化最严重、环境最恶劣、生活最贫困的地区。

内蒙古自治区从传统的游牧经济向现代工业经济演进过程中，煤炭开发为内蒙古自治区的经济发展做出了重要的贡献，2002～2009年内蒙古自治区经济持续八年增长速度排在中国各省区第一位，大规模的煤炭资源开发对内蒙古自治区经济的拉动作用功不可没，但与此同时也产生了一系列的生态环境问题，如资源过度开发导致部分山体塌陷，运输车辆碾压严重导致草原退化以及在运输过程中带来的环境污染等。煤炭资源开发拉动了内蒙古自治区的经济增长，与此形成鲜明对比的是，草原农牧民的收入没有得到相应的增加，这无形中挫伤了农牧民对草原生态环境保护的积极性。

可见，影响草原生态环境的，既有人为因素，也有自然因素；既有现实原因，也有历史原因。牧区生态环境的保护与建设，任务艰巨。

4. 流动性

畜牧业是牧区主要的生产方式，游牧是传统的畜牧业。草原生态的自然特征决定了草原载畜量的有限性，没有哪一片草场经得起长期放牧，因此当游牧业一经产生就与移动性生活相伴而行。为了追寻水草丰美的草场，游牧社会中人与牲畜均作定期迁移，这种迁移既有冬夏之间季节性牧场的变更，也有同一季节内水草营地的选择。游牧文化是牧民对草原生态环境做出的适应性选择，其中包含一套独具特色的草原生活方式、思想观念、心理构成与行为方式。新中国成立后，我国政府一直努力让牧民定居，但牧民的游牧生产方式一直没有改变，只是游牧的范围比以前小了。

随着城镇化进程的加快，牧区传统的游牧生产方式被打破。中共十一届三中全会以来，土地草场包产到户，草场由原来的集体所有，变为条块分割、产权清晰的承包责任制。牧民的生产方式，由游牧化的分散状态转变为集中化、规模化、定点化的生产，严格意义上的游牧民越来越少。在居住状况安稳的前提下，牧民靠什么生活又成了新问题。但如果牧民不转变生产经营方式，将无法致富的结果是确定的。

5. 生活方式特点

随着牧区城镇化的推进，越来越多的牧民离开草原，住上了砖瓦房，和城市居民一样拥有了小区。牧民的生产生活方式发生了改变：一是在牧区生产方式方面，由传统的游牧生产方式转变为固定的生产牧场；二是在牧民生活方式方面，由传统的逐水草而居转变为有固定的生活社区；三是在牧区经济结构方面，要由单一的畜牧业经济向多元化的草原经济转变；四是在牧区社会发展方面，要由传统的自给自足向社会化大生产、大服务方面转变。但由于传统的生产方式仍未改变，牧民仍需要靠畜牧业来维持生计，所以在许多建成的城镇出现了“空心化”，牧民的居住仍然比较分散。这就为公共服务的建设提出了更多的要求。在居住如此分散化的牧区，如何提供更方便的医疗、教育、卫生等服务也是亟待考虑的问题。

牧区所处位置大部分属于半干旱气候，一些草场除了人为破坏以外，也存在由于气候干旱、缺水而难以生存的问题，不仅仅是草，居民生活也存在缺水问题。从两次的“牧区经济会议”来看，国家对牧区发展仍停留在宏观层面，没有具体落到实处。

## 三、牧区民生发展的必要性

1. 保障和改善民生是党的执政基础和提升执政能力的必然要求

“为政之道，以厚民为本，治国之道，必先富民”。习近平总书记曾强调：“一个政党，一个政权，其前途和命运最终取决于人心向背。一切为民者，则民向往之。”关注民生、保障民生、改善民生，始终是中国共产党坚持的基本执政理念和奋斗目标。现阶段，虽然人民群众的收入稳步提高，生活持续改善，但随着经济形势的快速发展，人民群众对物质文化的需求同生产力之间的矛盾会更加突出，人们的利益诉求和思想观念也会呈现出多样化的特征。民生工作没有穷期，旧的民生问题解决了，新的民生问题还会出现。保障和改善民生始终是各级党委、政府工作的出发点和落脚点，是中国共产党全心全意为人民服务宗旨的体现，更是中国共产党人的永恒追求。而作为内蒙古自治区主要的组成部分——牧民，需要领导者更多的关注。

2. 保障和改善民生是自治区经济社会发展的根本目的和动力支撑

"人民对美好生活的向往，就是我们的奋斗目标"，这是以习近平总书记为核心的新一届中央领导集体对全国各族人民的庄严承诺，也是各级党组织和广大党员干部必须认真履行好的政治责任。民生问题与人民群众的切身利益息息相关，只有进一步解放和发展生产力，使国民收入进一步增加，财政收入进一步充盈，资金投入进一步加大，民生问题才会得到更好的解决。我们必须清醒地意识到，人民群众是推动发展的主体，是中国梦的铸造者，是推动经济发展的最终力量。

从2005～2013年内蒙古自治区农牧民人均可支配收入与人均消费支出（见图1－1）及内蒙古自治区城镇居民人均可支配收入与人均消费支出（见图1－2）来看，居民收入的提高可以有效带动消费的增长，因此，保障和改善民生就能促进经济增长。只有民生得到进一步改善，居民可支配收入不断提高，才能刺激消费、扩大内需、拉动投资，促进经济稳固回升。

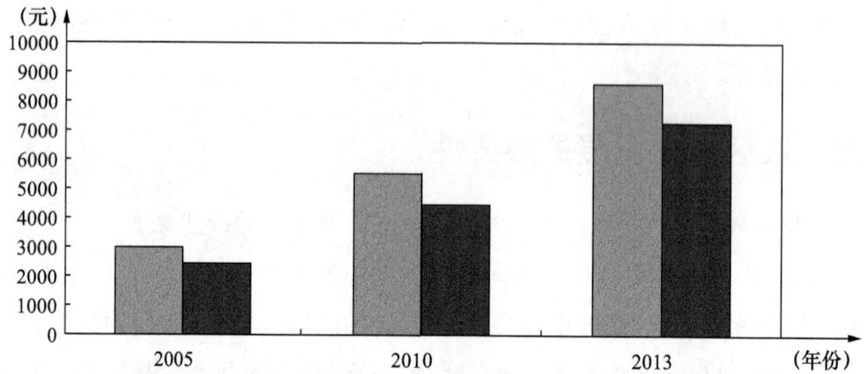


**图1－1　2005～2013年内蒙古自治区农牧民人均可支配收入与人均消费支出**

资料来源：根据2014年《内蒙古统计年鉴》整理所得。

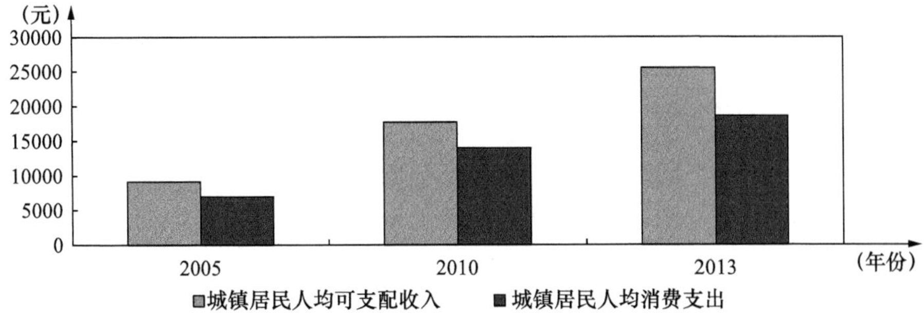


**图1-2　2005~2013年内蒙古自治区城镇居民人均可支配收入与人均消费支出**

资料来源：根据2014年《内蒙古统计年鉴》整理所得。

3. 保障和改善民生是维护社会稳定和边防安全的迫切需要

"利莫大于治，害莫大于乱"。美国著名政治学家亨廷顿认为，对发展中国家来说，首要的问题不是自由，而是建立合法的公共秩序。经济的落后在一定条件下也会影响社会稳定。目前，全国贫困面积的72%集中在民族地区，其中少数民族占52%；民族地区的贫困发生率为7.3%，比全国高出4.2个百分点，还有部分少数民族整体处于贫困状态。内蒙古自治区作为少数民族聚居地更应该重视民族问题。内蒙古自治区贫困面积较大，贫困程度也较深，并且贫困人口地域分布的民族性较为突出。在国家最新划出的14个连片特困地区中，内蒙古自治区有8个旗、县（市）分别被列入了2个国家重点连片开发区，这些地区大部分都是牧区。历史经验表明，只有切实保障和改善民生，才能从根本上改善民族地区人民群众的生活，凝聚人心，汇聚民力，形成维护民族地区社会稳定的强大合力。

## 第二节　牧区民生发展的重要意义

### 一、公平正义是实现民生发展的最终目标

目前，大多数关注民生的目光都集中在对城镇、农村民生工程的建设中，很少有对关于内蒙古自治区少数民族民生问题的研究。而内蒙古自治区，尤其是牧

区，一直因地广人稀、流动性大等因素的影响，公共服务的全面覆盖十分困难。从教育角度来看，教育公平是我国教育的重要目标。但由于历史和现实的原因，内蒙古自治区牧区实现教育公平面临着巨大的挑战。内蒙古自治区牧区除教育基础设施建设投入不足，校舍紧张、教学设备落后等问题外，还在教师编制、学校布局调整、寄宿制学校管理、双语教学等方面存在较大的问题。大多数偏远农牧区的政府部门不太关注当地学前教育发展，没有单独的学前教育经费投入，独立幼儿园极少，而且与一般城镇的幼儿园相比，在办园条件、教育质量、幼教师资方面都存在明显的差距。这不仅是由于人们思想观念造成的问题，也和牧区人少、居住方式分散有很大关系。胡锦涛同志就曾明确说过，学前教育是重要的民生工程，像幼儿园这种公共服务如何更高效率地运用和拓展，是验证是否实现真正教育公平的具体表现。

公平正义，是千百年来人类不懈追求的一种美好愿望和理想。

在中华民族的历史上，春秋战国时期的诸子百家就开始对社会公平正义问题进行思考。孔子提出，“有国有家者，不患寡而患不均，不患贫而患不安。盖均无贫，和无寡，安无倾”，表现出追求一个公平、均等的社会秩序的强烈愿望。近代的康有为在《大同书》中提出要建立一个“人人相亲，人人平等，天下为公”的理想。

中国共产党在领导人民进行革命、建设和改革的历史进程中，始终把实现社会公平正义作为追求的崇高目标，从理论和实践上推进了马克思主义公平正义观的不断丰富和发展。邓小平同志在改革开放的新时期提出，社会主义要在解放生产力、发展生产力、消灭剥削、消除两极分化的基础上，实现共同富裕，从而把实现社会公平正义纳入社会主义本质要求之中。江泽民同志提出的“三个代表”重要思想，其出发点和归宿点就是要“始终代表中国最广大人民的根本利益”，最大限度地满足广大人民群众的愿望和要求，并通过政策、制度及社会保障等措施来逐步实现广大人民群众的根本利益，把实现社会公平正义作为社会主义初级阶段的重要任务。党的十八大以来，习近平总书记也在不断强调推进改革的根本目的，就是要让国家变得更加富强、让社会变得更加公平正义、让人民生活得更加美好。

公平正义是社会成员在交往、发展和享有权利等方面的机会平等，这是社会主义条件下人民群众主人翁精神不断发挥和创造活力不断迸发的真正源泉，它从最真实、最普遍的意义上体现了和谐社会的基本要求，体现了社会主义的优越性。社会主义和谐社会应当是公平正义的社会。在和谐社会中，社会各方面的利益关系得到妥善协调，人民内部矛盾和其他社会矛盾得到正确处理，人民群众的积极性、主动性、创造性得到充分发挥，全体人民能够平等友爱、融洽相处，这些都是公平正义的标志。公平正义同时也是社会和谐的重要基础和保障。只有致力于实现和维护社会公平正义，社会主义和谐社会才会获得坚实的基础，才能实现长久的、稳定的和谐。如何让牧区在民生方面也实现平等待遇，是我们共同的追求。

## 二、民族团结是民生发展的前提

民族团结是内蒙古自治区牧区和谐稳定发展的前提。团结稳定是福，分裂动乱是祸。没有稳定的环境，什么都搞不成，已经取得的成果也会失掉。内蒙古自治区牧区是少数民族的聚居地，有多个民族共同建立的自治旗、民族区、民族乡等。在长期共同发展中，守望相助、团结奋斗，推动了牧区民生的新跨越、新发展，共同奔向实现全面小康的新希望。

民族团结是实现牧区各族人民根本利益的具体要求。我们既要实现牧区经济的发展，也要巩固民族团结的大局，使各族人民安居乐业、幸福生活。民族团结是内蒙古自治区全面建成小康社会，实现各民族根本利益不可缺少的重要内容，更是重要保障。历史经验表明，要实现各族人民的根本利益，必须依靠各族人民的团结稳定。团结稳定是基本的民生，是广大人民的根本福祉所在。

民族团结是推动内蒙古自治区牧区民生发展的动力。“共同团结奋斗，共同繁荣发展”，是对牧区民族工作和牧区经济民生发展辩证关系的高度概括。习近平总书记在考察内蒙古自治区时强调了民族团结的重要意义，并强调了落实的主要重点在牧区。多年来，内蒙古自治区将民族工作与实现各族人民的共同利益相结合，贯彻落实国家兴边富民行动规划，扶持人口较少民族发展和推进少数民族事业发展。通过不懈努力，内蒙古自治区取得了民族团结、社会发展、人民生活水平提高的巨大成就。但同时，我们也必须清醒地看到，内蒙古自治区大多数牧区的基本情况仍未得到根本改变，前进中有困难，发展中有挑战，战胜困难、迎接挑战，更需要把各族人民的智慧和力量凝聚到固民强区、科学发展上来，更需要有团结、稳定、和谐的发展环境。

内蒙古自治区是边疆少数民族自治区，是我国民族自治区制度的发源地。维护民族团结、社会稳定的良好局面，对于加快内蒙古自治区又好又快发展，全面建成小康社会具有十分重要的意义；对于维护祖国北疆安宁团结的政治局面与和谐稳定的社会局面，具有重要的战略意义。

实现牧区全面发展，是推动各族人民共同富裕的必经之路。各族人民共同发展，要求统筹城乡发展，形成城乡互动协调发展的机制。构建和谐社会的基本前提在于各阶层的利益在变化中协调，收入在稳定中提高，生活在发展中改善。但我国城乡、工农、地区之间的差距比较大，农牧区相对落后，农牧民收入相对较低，农牧业基础相对薄弱。应该加强调整国民收入分配格局，积极支持“三农”发展，尽快扭转农牧业基础薄弱、发展滞后、农牧民收入水平偏低的现象，保持经济快速发展和社会的长期和谐稳定，推进新牧区建设。

城乡统筹，深化改革，协调发展。牧区建设必须做好资源配置、产业发展、基础设施建设、社会事业发展等方面的城乡统筹，加快以工促牧、以城带乡的步伐。把基础设施建设和社会事业发展的重点转向牧区，推进城乡基本公共服务均等化，实现城乡协调发展。以草原承包制为重点，健全畜牧业市场，建立有利于牧区科学发展机制。统筹牧区与农区发展，加强与其他地区的互动，努力扩大对外开放。

## 三、民生发展有利于边疆稳定

内蒙古自治区是祖国的“北大门”、首都的“护城河”，地处边防线上，肩负着维护国家政治安全和边疆安宁的重大政治责任，而这些边防线大约2/3都在牧区范围内。

国家对边疆巡防十分重视。2014年1月26日上午，习近平总书记专门来到阿尔山，冒着零下30多摄氏度的严寒，顶风踏雪慰问在边防线上巡逻的官兵。看到战士们睫毛上都结了冰，总书记关切地询问每天巡逻多长时间、多少公里。总书记登上58级陡峭的台阶，进入哨所二楼观察室，同执勤哨兵一一握手，并动情地对战士们说：“今天，我和你们一起执勤站岗。”

在全球化时代，我国的边疆安全正呈现一些新的特点：一是安全边界不断拓展。原来的平面陆地边疆概念已经延伸为多视角维度下的陆疆、海疆、空疆、天疆概念。就国家广义发展空间而言，边疆概念从边界接壤的“硬边疆”发展到利益相关、文化相融、信息相交的“软边疆”或“战略边疆”概念。二是安全内容不断丰富。边疆安全不仅作为国家行为体的主权与政权安全，还包括国家构成体的各个民族的生存安全、发展安全及人的安全。三是安全威胁因素不断转换。当前军事安全威胁因素已大大降低，而非传统安全威胁因素不断加大，安全问题日趋多维度化，其具体领域不仅涉及军事、政治、外交等传统安全领域，而且涉及生态、资源、人口、粮食、卫生、教育、信息等非传统安全领域。四是安全维护途径不断更新。经济科技、文化手段比军事手段等更多地运用于边疆安全维护之中；一些非政府组织、社会团体、民间机构等也发挥着重要的作用。

当前，内蒙古自治区民族团结、边疆安宁、社会稳定，特别是随着科学发展观的深入贯彻落实和民生保障力度的加强，一些突出的有关民生的社会矛盾问题得到一定程度缓解，处于可防、可解、可控状态。但是也必须看到，在经济转型、社会转型的矛盾凸显期，新旧社会矛盾纠纷叠加，多发性、敏感性、群体性、对抗性问题不容忽视，特别是伴随着内蒙古自治区工业化、城镇化、农牧业产业化进程和围封转移、退牧还草、撤乡并镇、生态移民、城镇化政策措施的不断推进，社会利益关系和人民内部矛盾出现了许多新情况。因占地纠纷、草场划分、资源归属、征地拆迁、生活保障、劳资纠纷、就业安置、涉法涉诉等问题引发的社会矛盾纠纷和不稳定因素错综复杂、相互交织。加之敌对势力和“三股势力”的渗透，使自治区边疆安宁的任务面临着较为复杂的局面和挑战。

## 四、可持续是民生发展的基础

内蒙古自治区牧区既是资源丰富区，也是生态脆弱区，既处在经济发展的机遇期，也处在生态保护的关键期，处理好经济发展与生态保护的关系，实现美丽与发展的“双赢”之路，是制定牧区发展规划必须看清的问题。保护生态与经济发展如鸟之双翼、车之两轮，相辅相成，不可偏废，只讲发展不讲保护，结果必然是“吃祖宗饭、断子孙路”，而只讲保护不讲发展只能是守着绿水青山受穷、抱着“金饭碗”讨饭。

用发展的办法保护生态，走可持续的发展道路，是总结内蒙古自治区长期以来生态保护建设经验得出的基本结论，简单讲就是要通过推进新型工业化和城镇化带动牧区人口向城镇和第二产业、第三产业转移，实现以1%的点上开发换取99%的面上保护。牧区的生态退化，一方面是由于自然气候因素造成的；另一方面是人类活动的影响，特别是传统农牧业的扩张，毁林开荒、多度放牧造成的。自治区成立以来，牲畜头数增长了十多倍，在册耕地面积翻了一番，实际面积可能更大些。如果人口不大量转移出来，退耕退牧就无法实现，生态压力还将进一步加重。而要想真正把农牧民转移出来，关键是解决好他们的出路和生计问题。

实践表明，从第一产业转到第一产业是没有意义的，靠发补贴把人养起来也行不通，根本出路是要把牧区人口大量转移到城镇和第二产业、第三产业中来，让他们在城里有事干、留得住、过得好。因此，一定要树立用发展的办法保护生态的观念，加快推进工业化和城镇化进程，促进牧区人口转移，让草原和森林得以休养生息，实现美丽与发展“双赢”。

发展牧区经济，实现畜牧业现代化。发展牧区经济是社会主义新牧区建设的中心任务。牧区发展的根本出路和物质基础在于牧区经济。要想建设好新牧区，就必须改造提升传统畜牧业，发展现代畜牧业，强化畜牧业科技支撑。加强草原生态保护与建设是牧区畜牧业可持续发展的基础。20世纪90年代后期，由于连年持续的旱灾，造成草原退化、沙化加速，牧业生产遭受严重损失，牧民生活水平急剧下降，贫困人口快速增长。近年来，内蒙古自治区在广阔的牧区实施草原生态保护与建设工程，组织实施沙源治理、禁牧舍饲、生态移民、农牧业综合开发、扶贫开发等工程，推行政府补助、牧民竞标、以奖代补、逐级管理的草原生态保护与建设措施，有效缓解了生态建设与畜牧业生产的矛盾。优化畜牧业结构，依靠科学技术，发展现代畜牧业。从传统畜牧业生产向畜产品加工延伸，形成产业链。改良品种、节本增效，实现生态、经济和社会效益共赢。加快畜牧业科技创新和实用技术推广应用，提高科技成果的转化、实用技术的覆盖以及生产的科技含量，实现畜牧业机械化，提高避灾增产能力。

# 第三节 牧区民生发展的战略

## 一、牧区民生发展的顶层设计

1. 中共中央关于促进牧区民生发展的指导文件

我国的改革开放政策特别是实施西部大开发战略以来，牧区生态建设大规模展开，草原畜牧业发展方式逐步转变，基础设施建设步伐加快，牧民生活水平显著提高，城乡面貌发生可喜变化，牧区发展已经站在新的历史起点上。但必须清醒地看到，草原生态总体恶化趋势尚未根本遏制，草原畜牧业粗放型增长方式难以为继，牧区基础设施建设和社会事业发展欠账较多，牧民生活水平的提高普遍滞后于农区，牧区仍然是我国全面建成小康社会的难点。

促进牧区又好又快发展，是加强草原生态保护与建设，构建国家生态安全屏障的迫切需求；是转变草原畜牧业发展方式，增加牧民收入的现实选择；是缩小区域发展差距，全面实现小康社会目标的必然要求；是让各族群众共享改革发展成果，促进民族团结和边疆稳定的战略举措。

在新的历史条件下，牧区发展必须树立生产生态有机结合、生态优先的基本方针，走出一条经济社会又好又快发展的新路子。草原既是牧业发展重要的生产资料，又承载着更重要的生态功能。长期以来，受农畜产品绝对短缺时期优先发展生产的影响，只强调草原的生产功能，而忽视草原的生态功能，由此造成了草原长期超载过牧和人畜草关系持续失衡，这也是导致草原生态难以走出恶性循环的根本原因。必须认识到，只有实现草原生态的良性循环，才能为草原畜牧业的可持续发展奠定坚实的基础，也才能满足社会对建设生态文明的迫切需要。

中共中央关于促进牧区发展的相关文件提出了一系列扶持政策和重大项目，主要涉及草原生态保护建设、牧民转产转业、扶贫开发、草原畜牧业发展、牧区特色优势产业发展、基础设施建设、社会事业发展、农村综合改革八个方面。

（1）在草原生态保护建设方面，国家将加大退牧还草工程实施力度并提高中央补助标准。在八个主要草原牧区省（区）全面实施禁牧补助和草畜平衡奖励政策，中央财政分别按照每亩每年 6 元、1.5 元的测算标准给予补助奖励。自治区也出现了相应的补助措施。国家已启动的实施草原畜牧业转型示范工程，支持肉牛（羊）标准化养殖小区（场）的建设；落实税收优惠和财政补贴等扶持政策，支持发展牧民专业合作组织；加大相关农业科研经费对牧区的支持力度，支持种畜繁育场、牧草良种繁育基地建设，落实动物防疫和疫畜扑杀补贴政策，选择当地符合条件的人员定向培养充实基层农技推广队伍；支持雪灾易灾县（旗、市）饲草料储备库和草原防火、鼠虫害、毒害草防治基础设施建设；将牧区牦牛和山羊纳入良种补贴范围，实施牧草良种补贴、牧民生产资料补贴，加大牧区牧业机械购置补贴支持力度，对符合条件的草原畜牧业保险给予保费补贴。

（2）在牧民转产转业方面，国家实施更加积极的就业政策。按规定为符合条件的转移就业牧民提供免费就业信息和职业介绍等服务，落实职业培训补贴、职业技能鉴定补贴、牧区未继续升学的应届初高中毕业生参加劳动预备制培训补贴等政策；加强公共就业服务体系建设和劳务品牌培育推介，做好外出务工牧民社会保险关系转移接续工作；设立毒草治理、围栏管护、防火、鼠虫害测报等草原管护公益岗位，组织牧民开展草原管护。

（3）在扶贫开发力度方面，加大中央及省级财政对牧区半牧区县（旗、市）的转移支付力度。加大财政扶贫资金、以工代赈资金、信贷扶贫资金投入，对牧区贫困乡村实行整村（乡）推进扶贫，对集中连片特殊困难地区实行连片开发、综合治理，积极稳妥地推进异地扶贫搬迁工程建设，加大兴边富民行动规划实施力度，支持边境省（区）建立边民补助机制。

2. 习近平总书记在内蒙古自治区考察期间对牧区民生发展的指导意见

党的十八大以来，习近平总书记考察少数民族自治区，第一站就来到内蒙古自治区，亲切慰问各族干部群众和戍边官兵，并发表重要讲话，体现了中央和总书记对内蒙古自治区的高度重视，对内蒙古自治区各族人民的亲切关怀。这是全区 2500 万名各族干部群众政治生活的头等大事，是自治区发展进程中的重要里程碑。

习近平总书记考察内蒙古自治区时的重要讲话，立意高远、内涵丰富，有很强的思想性、理论性、实践性、指导性和针对性，科学指明了内蒙古自治区的前进方向，是全面做好各项工作的根本性指导和遵循原则。

（1）习近平总书记关于“守望相助”的深刻论述。“守，就是守好家门，守好祖国边疆，守好内蒙古自治区少数民族美好的精神家园；望，就是登高望远，规划事业、谋求发展，要跳出当地、跳出自然条件的限制、跳出内蒙古自治区，有宽广的世界眼光，有大局意识；相助，就是各族干部群众要牢固树立平等团结互助和谐的思想，各族人民拧成一股绳，共同守卫祖国边疆，共同创造美好的生活。”总书记的殷切期望，阐明了内蒙古自治区在全国发展大局中的战略方位和作用，是以习近平总书记为核心的党中央对民族问题的深刻把握和对民族工作成功实践的科学总结，是我们做好边疆民族地区工作必须始终遵循的基本方针。

（2）习近平总书记关于“把祖国北部边疆这道风景线打造得更加美丽”的深刻论述。他要求内蒙古自治区全面贯彻落实党的十八大和十八届三中全会精神，以邓小平理论、“三个代表”重要思想、科学发展观为指导，坚持稳中求进，坚持改革创新，努力在转方式、调结构、促改革、惠民生上不断取得新成就，推动城乡区域发展的相互平衡、经济社会发展的相互协调，全面做好改革发展稳定的各项工作，把祖国北部边疆这道风景线打造得更加美丽。总书记对内蒙古自治区工作的这一总体要求，指明了内蒙古自治区在新的历史时期的前进方向和奋斗目标，表达了全区各族人民的共同愿望，是做好内蒙古自治区工作的根本原则。

（3）习近平总书记关于着力改变经济发展方式、着力做好农牧业和牧区工作、着力保障和改善民生、着力搞好教育实践活动“四个着力”的重要思想。这四个着力抓住了内蒙古自治区各项事业发展的“牛鼻子”，顺应了全区各族人民过上美好生活的愿望，是内蒙古自治区推进科学发展，实现富民强区的行动指南。

习近平总书记的重要讲话，是党中央对内蒙古自治区工作的新定位、新要求，为正处在改革发展关键时期的内蒙古自治区指明了前进方向；是内蒙古自治区推进科学发展、富民强区进程，如期实现全面建成小康社会目标，不断夺取中国特色社会主义新胜利的纲领性文件，是内蒙古自治区发展进程中承上启下，新的重要里程碑。

## 二、内蒙古自治区牧区民生发展政策

转变经济发展方式是总书记讲话精神的核心要义。

（1）准确把握总书记讲话的核心要义。总书记的讲话在充分肯定内蒙古自治区工作取得重大成就的同时，对做好内蒙古自治区工作提出了“四个着力”，即着力转变经济发展方式，着力抓好农牧业和牧区工作，着力保障和改善民生，着力搞好党的群众路线教育实践活动。“四个着力”立意深远、内涵丰富，其核心要义就是着力转变经济发展方式。为了进一步深刻领会总书记讲话的精神实质，需要了解转变经济发展方式的提出背景和过程。

（2）转变经济发展方式对内蒙古自治区具有重大意义。粗放的发展方式既是国家之急，也是内蒙古自治区之困。内蒙古自治区加快转变经济发展方式更具现实意义。

保增长必须以转方式为前提。进入21世纪以来，内蒙古自治区经济发展进入以能源工业快速发展为特征的高速增长期，生产总值增速连续八年全国第一。取得的成绩主要是因为内蒙古自治区牢牢抓住国家进入以能源重化工产业发展为主的阶段后，对能矿资源需求急剧上升的战略机遇，实现了跨越式发展。随着中国经济由高速增长向中速增长的过渡和转换，国家对能源的需求量增速逐步下降，内蒙古自治区能源工业告别井喷式增长，其超高速增长时代基本结束，以能源工业为单一增长动力的内蒙古自治区经济增长格局面临着增速下降的问题。2011～2013年，内蒙古自治区经济增速分别为14.8%、11.7%和9%，经济增长下行压力越来越大。从总体上看，客观形势的变化要求内蒙古自治区在继续发挥好能源资源比较优势的基础上，加快转变经济发展方式，以保持经济持续健康较快的发展。

增效益必须以转方式为路径。中国能源消费结构以煤炭为主。目前中国煤炭占能源消费总量的比重由最高时的67%下降到65%。在能源工业增速放缓的同时，内蒙古自治区还没有形成新的能够支撑经济持续快速发展的产业。内蒙古自治区的投资效益在逐渐下降。2013年内蒙古地区生产总值达到1.68万亿元，投资总额达到1.55万亿元，两者之比接近1∶1。以农畜产品加工业为例，农畜产品精深加工不足、加工效益低。目前，内蒙古自治区农牧业产值与农畜产品加工业产值之比是1:1.1，全国的平均水平是1:1.8，黑龙江省和吉林省分别是1:2.3和1:2.5，辽宁省和山东省分别是1:3.6和1:3.8。如果内蒙古自治区能提高到全国平均水平，则农畜产品加工业产值总量可以翻一番，达到2000多亿元；如果能达到黑龙江省和吉林省的水平，则农畜产品加工业的产值相当于2012年全部工业增加值7967亿元的1/3左右；如果能达到辽宁省和山东省的水平，则农畜产品加工业的产值相当于2012年全部工业增加值的一半以上。从总体上看，内蒙古自治区提高经济增长的质量和效益迫在眉睫。

构建和谐社会必须以转方式为保障。按照世界银行的统计标准，内蒙古自治区已进入中上等收入行列，这个阶段是产业升级转型、发展模式创新、经济社会转轨的关键时期。内蒙古自治区在推进现代化建设过程中，积累了一些深层次的社会矛盾和问题，其对经济建设和发展质量的提高影响越来越突出。如经济与社会发展不平衡，城乡居民收入水平偏低，贫困人口仍然较多，基本公共服务水平较低，社会矛盾易发多发，社会治理能力较弱，这些矛盾和问题是制约内蒙古自治区经济社会健康发展的瓶颈。内蒙古自治区应改变片面追求经济增长的发展观，加强社会建设，处理好政府、企业、居民之间的利益分配关系，扭转经济社会"一条腿长、一条腿短"的局面。从总体上看，内蒙古自治区加快推进经济和社会建设转型势在必行。

抓机遇必须以转方式为手段。内蒙古自治区产业结构单一，产业链条短，产业层次低，科技创新基础和能力薄弱，最终影响了牧民的生活。当前内蒙古自治区面临着新的工业革命的挑战和机遇，如美国以新能源和互联网技术紧密结合为核心的第三次工业革命，德国互联网虚拟技术和实体逻辑结构系统有机对接的"4.0时代"，颠覆和改变传统生产概念和方式的3D打印技术等，这些都对涉及战略性基础产业有影响，其直接决定了未来中国的经济版图，内蒙古自治区不容错过这次历史性机遇。要想拉动内蒙古自治区实现全面小康，必须使牧区广大牧民摆脱贫困状况，需要内蒙古自治区在密切跟踪掌握国内外技术革命变化的前提下，加快转变经济发展方式，加速推进产业优化升级的同时，更加注重牧区的发展状况。

## 三、总书记讲话精神与“8337”发展思路的关系

1. 目的和方向具有一致性

习近平总书记的讲话明确指出了当前和今后一个时期内蒙古自治区的前进方向和行动指南，是内蒙古自治区改革开放和现代化建设的根本指针。“8337”发展思路是自治区党委按照中央的要求，根据新形势、新任务的变化发展，在全面落实近年来行之有效的思路举措基础上，对内蒙古自治区区情和发展定位、发展思路再认识的重要思想成果，是党的十八大精神和习近平总书记一系列重要讲话精神在内蒙古自治区的具体落实，是内蒙古自治区今后经济社会发展的工作重点。从总体上看，总书记讲话精神和“8337”发展思路在目的和方向上具有高度一致性，都是为了把内蒙古自治区这道祖国北疆风景线打造得更加亮丽。

2. 内容和本质具有相同性

从发展定位看，习近平总书记提出：“把内蒙古自治区建成我国向北开放的重要桥头堡，绿色农畜产品生产加工输出基地，北方重要的生态安全屏障，北疆安全稳定的屏障。”这与“8337”发展思路的定位完全契合。总书记还提出：“发挥有色金属、钢铁、稀土等资源优势，把内蒙古自治区建成新的经济增长点。”这也与“8337”发展定位中“有色金属生产加工和现代装备制造等新型产业基地”相对应。从工作重点看，总书记要求：“推动转方式同调整优化产业结构相结合，把转方式有效地融入结构调整之中；把转变发展方式同全面深化改革开放相结合，把转方式有效地融入改革开放当中；把转变发展方式同创新驱动相结合，把转方式有效地融入创新驱动当中。”这与“8337”发展思路中“着力调整产业结构，更加注重改革开放和创新驱动”基本相同。从目标任务看，总书记强调：“转方式就是要把经济发展的立足点转到提高质量和效益上，实现经济持续健康发展；着力抓好农牧业和牧区工作；推动城乡区域平衡发展，形成优势突出、结构合理、创新驱动、区域协调、城乡一体发展的新格局。”这与“8337”发展思路中“推动经济持续健康发展，提高经济质量和效益，加强‘三农’‘三牧’工作，城乡区域协调发展”基本对应。

3. 中央要求和内蒙古自治区自身诉求具有吻合性

习近平总书记突出强调“把内蒙古自治区建成我国新的经济增长点，向北开

放的桥头堡，北方重要的生态安全屏障和祖国北疆安全稳定屏障”，这是中央对内蒙古自治区的要求。“8337”发展思路也提出“把内蒙古自治区建成我国北方重要的生态安全屏障，祖国北疆安全稳定屏障，向北开放的重要桥头堡和充满活力的沿边开发开放经济带”，其指出了内蒙古自治区未来发展方向和在全国整体发展大局中所扮演的角色，充分反映了内蒙古自治区自身的发展诉求。从总体上看，中央对内蒙古自治区的要求和内蒙古自治区自身发展诉求实现了有机结合。

4. 指导和操作具有结合性

总书记讲话精神从宏观上阐述了内蒙古自治区在全国经济社会发展中的战略地位，为深入实施“8337”发展思路提供了强大的支撑动力，特别是“四个着力”“五个结合”具有很强的思想性和理论性。“8337”发展思路是贯彻落实总书记讲话精神的有力保障，是内蒙古自治区贯彻中央精神的具体化，是推进内蒙古自治区科学发展、富民强区的具体抓手，是转变经济发展方式的重要体现。总书记讲话与“8337”发展思路是从不同的角度提出了内蒙古自治区的发展方向，总书记讲话具有指导性，“8337”发展思路具有可操作性，两者层次分明，共同构成了未来内蒙古自治区经济社会发展的总体战略部署。

## 四、深入实施“8337”发展思路、转变经济发展方式需要把握好的重点问题

1. 把经济结构战略性调整作为转方式的主攻方向

调整和优化分配结构，寻求投资与消费的结合点。促进以投资带消费，把扩大投资和增就业、惠民生有机融合，创造更多的最终需求。从增加就业创业、完善收入分配体制机制、健全社保体系以及优化消费环境改善消费预期等入手，重点提升居民消费水平，实现投资与消费对内蒙古自治区发展的协调推进作用。

调整和优化产业结构，积极打造自治区产业发展“升级版”。按照“传统产业新型化、新兴产业规模化以及支柱产业多元化”的要求，把产业结构调整作为经济结构调整的重中之重来抓。做足做好能源及相关延伸产业提质、提效、提高集中度，实现内蒙古自治区特色传统产业的优势再造，把内蒙古自治区建成全国重要的清洁能源、现代煤化工以及有色冶炼和装备制造业基地。把发展高新技术产业作为产业结构调整的关键，建立和发展高新技术产业基地，将新能源与高效

节能技术、环境保护新技术、新材料及应用技术等作为发展的重点，同时注重电子与信息技术、生物工程和新医药技术、现代农业技术等方面的发展。提高农牧业生产效率，充分发挥内蒙古自治区农畜产品的资源禀赋优势，提高加工档次，增加品种数量，形成品牌优势，打造绿色农畜产品生产加工基地。大力发展第三产业，调整第三产业的内部结构，并结合地域优势，大力发展内蒙古自治区的草原旅游业，形成点、线、面相结合的旅游区域，使之成为内蒙古自治区优势产业。

调整和优化城乡经济结构，努力实现城乡经济结构一体化。按照比较优势原则进行城市间产业分工，进一步做大、做强区域中心城市，积极培育和发展呼包鄂城市群，提升中心城市总体经济实力，使之成为带动自治区经济发展的增长点。按照特色立旗（县）原则，提高县域经济总体实力，增强其服务功能和人口承载功能，将其建设成为农村牧区经济的增长中心，形成农村牧区居民稳定增收渠道，实现城乡经济结构的一体化。

2. 把保障和改善民生作为转方式的出发点和落脚点

大力推进扶贫攻坚力度。坚持开发式扶贫方针，以产业、项目和教育扶贫为抓手，采取扶贫资金贴息、银行贷款等方式，因地制宜培育特色优势产业，增强贫困地区自我发展能力。实施连片开发、整村推进、扶贫移民工程，做好对口支援、定点扶贫和领导干部联系贫困旗县工作，实行精准扶贫。重点解决少数民族贫困人口脱贫致富问题。

突出抓好就业创业。多渠道开发就业岗位，扩大中小微企业就业容量，适度开发公益性岗位，政府投资项目优先吸纳当地劳动力就业。加强公共实训基地和大学生创业园建设，探索校企合作开展技能培训、职业介绍、就业服务、劳务输出一体化运行模式，促进高校毕业生特别是贫困家庭和蒙古语授课毕业生就业，统筹做好农牧民工、城镇就业困难人员和退役军人就业的工作。积极鼓励和支持自主创业，帮助创业者解决创业场所、融资瓶颈等问题，扶持更多有创业意愿和创业能力的人自主创业，发挥创业带动就业的“倍增效应”。

进一步提高城乡居民收入水平。实施百万农牧民工培训工程，强化工资支付预警，提高农牧民工资性收入。依法保障农牧民对土地、宅基地和集体资产的权利，增加农牧民财产性收入。落实和完善各项惠农惠牧政策，继续实施粮食最低收购价和农畜产品临时收储制度，增加农牧民政策性收入。健全工资制度和正常增长机制，深化机关事业单位工资和津贴补贴制度改革，提高城镇居民工资性收入。通过制度创新与完善，让居民财产能够通过适当途径转化为资本，为居民拥有财产性收入创造市场条件。

加快完善覆盖城乡居民的社会保障体系。加大保障性住房建设力度，确保廉租住房和公共租赁住房房源统筹推进。加大棚户区改造力度，切实解决中低收入者和外来从业人员的住房供给。扩大基本医疗保险覆盖面，逐步提高新农合和城镇居民医保政府补助标准。按照国家统一部署，做好企业退休人员基本养老保险调整工作，认真落实企业职工基本养老保险、城镇基本医疗保险关系转移接续办法，实现全区无障碍接续。完善社会救助制度，稳步提高城乡低保、农村牧区“五保”和城乡医疗救助水平，提高孤儿、“三无”人员和“三民”供养标准。

全面发展各项社会事业。推进义务教育均衡发展，推动教育资源向农村牧区和贫困地区倾斜。加快建设适应内蒙古自治区经济转型和社会需要的现代职业教育体系。抓好教育扶贫工作，对农村牧区困难家庭、城市低保家庭考入大学本科、大专院校和高等职业学院的学生进行困难补助。推动医药卫生事业发展，深化旗县级医院等基层医疗卫生机构综合改革，加强基层医疗卫生服务网络和医疗队伍建设。积极应对人口老龄化，加快发展老龄事业和老年服务产业，建立健全社会养老服务体系，鼓励和支持民间资本参与养老事业发展，建设一批功能完善、配套设施齐全的综合养老服务中心和示范基地。

3. 把建设资源节约型和环境友好型社会作为转方式的着力点

认真贯彻落实主体功能区战略，调整优化空间结构。严格按照国家和自治区主体功能区定位部署，科学划定生态保护红线，明确重点开发区、限制开发区和禁止开发区的生产、生活、生态空间开发管制界限，建立资源环境承载能力监测预警机制，合理控制开发强度，提高空间利用效率。

继续实施重点生态建设工程，不断巩固扩大生态保护建设成果。认真实施天然林资源保护二期、三北防护林建设五期、退耕还林、京津风沙源治理二期、天然草原退牧还草二期等重点生态工程，加强工程跟踪评估，保障工程效果。

完善管理制度，提升自然资源资产保护和利用效率。建立归属清晰、权责明确、监管有效的水流、森林、山岭、草原、荒地、滩涂等自然资源资产产权制度，明确自然资源资产产权登记发证和管理的责任主体。在全国率先编制自然资源资产负债表，实行自然资源资产离任审计，建立生态环境损害责任终身追究制。健全能源、水、土地节约集约使用制度，通过研发新技术、改进生产方式、约束日常行为、完善管理模式，推进全社会的资源节约。

健全生态保护体制机制，加大重点地区生态保护力度。建立完善基本草原保护制度，完善草原生态保护、监测、评估、补偿制度，提高草原征用占用补偿标准，依法征收草原植被恢复费，健全补助奖励长效机制，严格落实阶段性禁牧、休牧、划区轮牧和草畜平衡制度。认真落实国家林地保护制度，提升征占用补偿标准，完善森林资源有偿使用制度和生态效益补偿机制，继续深化集体林权制度改革，积极推进大兴安岭林地区生态保护与经济转型。加大内蒙古自治区五大沙漠和五大沙地综合治理力度，健全沙产业发展激励机制，稳步推进沙地生态治理的产业化发展。

4. 把科技进步和创新作为转方式的重要支撑

实施技术和资源有机结合的发展战略。依托煤炭、稀土、风能、太阳能等资源，提高引进消化吸收再创新能力，更加注重协同组合创新，引导技术创新与产业发展相融合，推动新产品、新技术、新工艺的研发应用，加强技术集成和商业模式创新，加快共性技术和成果转移转化，延长产业链，提升产品附加值，促进传统产业改造升级。

构建推动技术跨越的科技创新体系。大中型企业健全追求技术进步的内在动力机制、推动技术跨越的自主创新机制、产学研紧密结合的研发协作机制和培养人才、鼓励创新的激励机制，加强工程中心和企业技术中心建设，不断加大技术研发的投入力度。推进科研院所改革，建立现代科研院所制度。加快科技基础条件大平台建设，建立部门之间、部门与盟市之间的有效协调、紧密互动的创新机制，实现各类创新资源的共享。

加大人才引进力度。围绕重点产业和新兴产业，引进科技领军人才、拔尖人才和创新创业团队以及具有战略眼光、市场意识、创新能力的高素质管理人才和企业紧缺急需的高技能人才。加大人才培育力度。建立政府引导、行业指导、单位自主、个人自愿的人才培养机制，依托各类培训教育资源，加强与国内外知名高校联合办学力度，培育造就更多适应发展、扎根本地的科技型、实用型人才。

## 五、内蒙古自治区民生发展的新形势与新机遇

在我们不断寻找牧区民生发展自身问题的同时，也需要看到外部环境带给内蒙古自治区发展的机会。在内蒙古自治区高速发展的同时，必将会给牧区的发展带来一定支持。抓住机会，内外兼顾，牧区民生发展会取得事半功倍的效果。

1. “一带一路”背景下内蒙古自治区经济发展面临的机遇与挑战

“一带一路”战略为处于丝绸之路经济带重要节点的内蒙古自治区带来了重大机遇和挑战。而作为内蒙古自治区主要组成部分牧区的发展，自然而然会随着内蒙古自治区的整体发展而被逐步推进，这也是牧区的新机遇新挑战。

（1）“一带一路”战略为内蒙古自治区对外开放带来新的机遇与挑战。内蒙古自治区在中蒙俄贸易中处于重要地位。内蒙古自治区与俄罗斯、蒙古国之间经贸发展建立在地缘区位、资源禀赋等优势合作基础上，依托对俄罗斯、蒙古国两国开放的 19 个口岸，主要发展口岸边境贸易、边境旅游以及过境旅游业。在国家实施“一带一路”战略背景下，内蒙古自治区有巨大的发展空间。2014 年，习近平总书记在中蒙俄元首会晤时提出，将丝绸之路经济带同俄罗斯跨欧亚大铁路、蒙古国“草原之路”倡议进行对接，打造中蒙俄经济走廊，加强铁路、公路等互联互通建设，推进通关和运输便利化，促进过境运输合作。中蒙俄经济走廊、呼包鄂城市群、满洲里和二连浩特重点开发开放试验区、二连浩特—扎门乌德跨境经济合作区、呼伦贝尔中俄蒙合作先导区、中蒙铁路等项目的建设使内蒙古自治区在丝绸之路经济带建设中的地位更加凸显，同时也为内蒙古自治区进一步扩大向北开放提供了重要机遇。内蒙古自治区可以根据毗邻区域的资源禀赋、产业结构、资金技术、市场需求和劳动力分布，推动实施影响力大、带动性强的重点合作项目，打造最富成长性、最具竞争力的经济发展区域。

（2）“一带一路”战略为内蒙古自治区基础设施建设带来新的机遇与挑战。中蒙俄经济走廊打造，跨欧亚大陆经济区构建，首要是基础设施建设。这为内蒙古口岸建设和通关条件改善带来机遇。

一方面，完善物流体系，提高贸易效率。基础设施的建设，物流体系的完善，能够提高内蒙古自治区航空、铁路、公路的运载能力，推动中蒙、中俄铁路、公路互联互通，提高口岸过货能力，降低双方贸易的物流成本，提高贸易效

率。同时，有利于升级改造和新建综合性物流园区，发展国际物流，构建集仓储、运输、加工为一体的现代物流体系，发挥内蒙古自治区向北开放的重要桥头堡和丝绸之路经济带重要枢纽作用。通过中蒙俄三国运输通道、管线通道、网络通道的建设，能够形成经济带式的辐射效应，将其延展到东北亚、欧亚等更广大区域间经济的互联互通。

另一方面，完善口岸经济产业布局，推进沿边开发开放经济带建设。基础设施建设对改变内蒙古口岸功能单一现状，发展口岸的进出口贸易、进出口加工、国际物流、保税仓储、跨境旅游、现代服务业等综合功能，带来重大机遇。在此基础上，对内能够加强沿黄沿边与内陆腹地在多方面、多领域的密切合作，促进区内各盟市经济发展平衡，推动资本、技术、信息等生产要素向沿边延伸，形成一体化发展新格局；对外依托沿边口岸，能够加强与蒙古国、俄罗斯互联互通，深化互利务实合作。

当然，复杂的国际形势，以及蒙古国、俄罗斯出于自身利益的考虑，一定程度上影响着中蒙、中俄政治关系，进而影响经贸关系，使内蒙古自治区基础设施投入面临资金回收风险。此外，中蒙、中俄铁路面临着持续性运输的考验，未来只有形成规模效应或者发展来回程运输才能保证铁路的持续性运输。

（3）“一带一路”战略为内蒙古自治区产业升级带来新的机遇与挑战。内蒙古自治区在“一带一路”战略中具备的不可替代的区位优势，有利于内蒙古自治区消化过剩的产能，促进产业转型升级。当前，欧美市场日趋饱和，而且很多国家利用贸易制裁，使区内外企业商品销售失去市场，而俄罗斯和蒙古国是仍待开发的新兴市场，这是企业开拓市场的重要渠道。中蒙俄经济走廊的建设，也为解决内蒙古自治区优势机械、装备业产能过剩问题带来机遇。

此外，“一带一路”战略有助于培养内蒙古自治区经济发展新增长点。资本、技术高端要素的流动，为信息、电信、能源、文化旅游、商贸物流、金融等服务行业发展带来机遇，这必将成为内蒙古自治区未来经济发展的增长动力，从而升级内蒙古自治区产业结构，增强内蒙古自治区产业竞争力。

*2. 党的十八大报告蕴含的民生思想解读*

党的十八大报告就民生问题做了重要论述，同时也描绘出发展和改善民生的生动画卷。报告指出：“提高人民物质文化生活水平，是改革开放和社会主义现代化建设的根本目的。”从这个意义上讲，无论是经济建设、政治建设、文化建设、社会建设、生态文明建设的“五位一体”中国特色社会主义事业总体布局，还是全面建成小康社会、实现中华民族伟大复兴的宏伟目标，都贯穿着切实关注民生、发展民生、保障民生、改善民生这条主线。报告中“必须坚持维护社会公平正义”“使发展成果更多、更公平地惠及全体人民”“让广大农民平等参与现代化进程、共同分享现代化成果”等表述也是我党坚持民生优先、以人为本信念的升华，是党执政兴国、富民安邦的目标和归宿。报告中面对教育、就业、收入、社保、医疗等与人民群众关系最直接、最密切的现实问题，强调要“努力办好人民满意的教育”“推动实现更高质量的就业”“千方百计增加居民收入”“统筹推进城乡社会保障体系建设”“提高人民健康水平”。可以说，报告确定的民生目标令人鼓舞，提出的民生举措切实可行。

（1）把改善民生和创新管理结合起来。党的十八大报告提出：“在改善民生和创新管理中加强社会建设。加强社会建设，必须以保障和改善民生为重点。提高人民物质文化生活水平，是改革开放和社会主义现代化建设的根本目的。要多谋民生之利，多解民生之忧，解决好人民最关心、最直接、最现实的利益问题，在学有所教、劳有所得、病有所医、老有所养、住有所居上持续取得新进展，努力让人民过上更好的生活。”报告首次强调把社会管理的创新和改善民生结合起来，较之党的十七大报告中加快推进以改善民生为重点的社会建设的民生建设思路更加清晰。党的十八大报告突出“社会管理”和“改善民生”两个层面，值得我们深入思考。过去，一谈到社会管理体制，就强调党委领导、政府负责、社会协同、公众参与，而党的十八大报告则特别提出要建立一个现代社会组织体系，并明确现代社会组织体系的建设原则是“政社分开，权责明确，依法自治”。相比过去，提法更加明确，有了新的超越。关于对社会管理机制的表达，报告谈到把源头治理、动态管理和应急处置相结合，进一步丰富了社会建设和社会管理的内涵。党的十八大报告还第一次提出了要强化人民团体等社会组织在社会管理和服务中的职责，这不仅有利于加强人民团体等社会组织在社会管理中的职责，引导社会组织健康发展，还在权利赋予的同时，强化了人民团体等相关社会组织在社会管理中的创新与责任。民生问题面广量大，只有社会管理更完备，才能把改善民生落到实处。

（2）强调教育在改善民生中的突出位置。党的十八大报告多处提及教育问题，提出要“努力办好人民满意的教育”“坚持教育优先发展”，强调“教育是民族振兴和社会进步的基石”，明确要“大力促进教育公平，合理配置教育资源”“积极推动农民工子女平等接受教育，让每个孩子都能成为有用之才”。把教育放在改善民生的突出位置，意在实现更高水平的普及教育，形成惠及全民的公平教育，提供更加丰富的优质教育，构建体系完备的终身教育体系，健全充满活力的教育体制。这是我党“教育优先发展”理念的集中体现，同时也说明教育要跟上民生的新要求。过去，我们把精力主要放在解决“上学难”的问题上，已经取得了很大成绩，但仍然不同程度地存在教育资源分配不合理、受教育机会不均等、择校费高企、农民工子女受教育权受挤压等问题，这些都是教育现状与民生要求不相适应之处。因此，要继续“深化教育领域综合改革”“大力促进教育公平”，提升教育质量，满足多元化教育需求，坚持不懈地推进教育体制改革，“让每个孩子都能成为有用之才”，以实际行动回应老百姓对教育这个重要民生问题的期盼。

（3）大力提高人民健康水平。党的十八大报告提出“提高人民健康水平”，并强调“健康是促进人的全面发展的必然要求”，要通过“健全全民医保体系”“健全农村三级医疗卫生服务网络和城市社区卫生服务体系”，从而“促进人民身心健康”。“病有所医”是中国老百姓久远的期盼。应该说，我国当下的医疗卫生事业取得了很大的成绩，但也不可否认，看病难、看病贵、医保不健全的情况依然存在，城乡医疗条件差距较大等现实问题也不容回避。党的十八大报告对“提高人民健康水平”做出部署，必将有力推进医疗保障、医疗服务、公共卫生、药品供应、医药监管等方面的改革，完善国民健康体系，使群众具备安全有效、方便价廉的公共卫生和基本医疗服务，加快解决关涉人民健康这一民生问题的后顾之忧。

（4）统筹推进城乡社会保障体系建设。党的十八大报告明确提出“全面建成覆盖城乡居民的社会保障体系”“改革和完善企业和机关事业单位社会保险制度”“扩大社会保障基金筹资渠道”，从而“建立更加便民快捷的服务体系”。报告把城乡社会保障体系建设作为加强和改善民生的重要内容提出来，凸显了党中央对社会保障工作的重视。社会保障是保障人民生活、调节社会分配的一项基本制度，我国目前社会保障体系的具体目标是完善城镇企业职工养老保险；改革机关事业单位社会保险制度；整合城乡居民基本养老保险和基本医疗保险；逐步做实养老保险个人账户，实现基础养老金全国统筹。按照党的十八大报告提出的“全面建成覆盖城乡居民的社会保障体系”的要求，必将拓宽筹资渠道，确保群众的受保水平逐年提高，社会保障一系列普惠的举措一定会为民生带来福祉。

（5）确立“两个翻一番”“两个同步”更高层次的民生目标。党的十八大报告首次提出实现“两个翻一番”，“实现国内生产总值和城乡居民人均收入比2010年翻一番。”为实现居民收入“翻一番”，报告要求确保“两个同步”，努力实现居民收入增长和经济发展同步、劳动报酬增长和劳动生产率提高同步，提高居民收入在国民收入分配中的比重，提高劳动报酬在初次分配中的比重。必须看到，“两个翻一番”指标和“两个同步”是在国际金融危机和欧洲主权债务危机的大背景下提出的，也是在我国经济发展速度趋缓、出口难度加大、制造业严重过剩、国内市场相对疲软的困难背景下提出的。提出这样的目标，并不意味着我们没有意识到困难的背景和现实，而是由于我们有足够的信心和可靠的措施应对困难的局面，因为我们要把民生放在重中之重的地位。事实上，解决好人民群众最关心、最直接、最现实的利益问题，适当调整国民收入分配格局，提升劳动报酬，调动劳动者积极性，提高消费能力，释放内需，可以促进经济向好发展，既有利于克服现实困难，也有利于民生问题的积极解决。因此，党的十八大报告提出“两个翻一番”和“两个同步”，把握全局，切近民生，依据可靠，令人鼓舞。

（6）勾画“建设美丽中国”的新蓝图。党的十八大报告首次勾画“建设美丽中国”的美好蓝图，这是在一如既往强调经济建设、政治建设、文化建设、社会建设的基础上，把生态文明建设提高到战略层面的“五位一体”总体布局的崭新勾画。“建设美丽中国”是我们党对过去一直提倡的、一直在实践的，包括实施可持续发展战略、走新型工业化发展道路，发展低碳经济、循环经济，建立资源节约型、环境友好型社会等理念和做法的高度概括，也是我们党对关乎公共民生的生态文明建设的新规划、新要求。应该看到，历经改革开放30多年来的快速发展，我国已经成为世界第二大经济体，其综合国力持续增强，人民的生活水平普遍提高，但也毋庸讳言，我们也日益面对资源约束趋紧、环境污染严重、生态系统退化的严峻形势。因此，坚持节约资源和保护环境的基本国策，走绿色发展、循环发展、低碳发展的道路，从源头上扭转生态环境恶化趋势，为人民创造良好的生产生活环境，已经成为当务之急。党的十八大勾画“建设美丽中国”的新蓝图，开辟了发展公共民生的新领域，也为我国小康社会树立了新目标。

综上所述，民生问题是事关最广大人民群众切身利益的问题。随着改革开放步入“深水区”，我国在取得举世瞩目的建设成就的同时，也暴露出一些亟待解决的深层次矛盾，就民生方面而言，还存在就业难、教育不公平、社会保障不到位、医疗负担过重、生态环境恶化、食品药品安全难以保证等问题。在新的时代背景下，党的十八大报告系统呈现了中国共产党继承、丰富、发展了马克思主义的民生思想理论，特别是总结了改革开放以来中国共产党关注民生、发展民生、巩固民生的一系列成功经验，并在更高起点上集中全党智慧，创新性地部署中国特色社会主义的民生建设，这对我们把保障和改善民生放在更加突出的位置，加强和创新社会管理，确保人民安居乐业、社会安定有序、国家长治久安具有十分重要的意义。

3. 经济新常态下寻求内蒙古自治区民生发展新机遇

经济新常态是宏观大势，是全局大事，新常态的九大趋势性变化对内蒙古自治区来说，在要素结构优化、市场空间拓展、生态文明建设、产业结构调整和需求结构再平衡等方面蕴含着新的发展机遇，并提供了巨大的发展空间。

（1）消费需求趋势性变化为内蒙古自治区产业多元化、企业多样化发展带来新的机遇。新常态下消费需求的根本性变化是从过去模仿型排浪式消费向个性化、多样化消费转变，消费在推动经济发展中发挥基础作用。传统消费模式下，内蒙古自治区靠近原料产地、远离消费市场的区位条件，必须迎合排浪式集中消费的现实，使其在发展中形成以政府投资为主导，集中生产要素生产几种市场需求旺盛的产品，不断扩大销售半径、追逐消费群体，这些在客观上导致内蒙古自治区的传统产业类型占比偏大，战略性新兴产业和小众需求产业占比偏小；在产业结构中原字号、粗加工的上游产品比重过大，产业线短，产品单一，产品组合少，在利润分享中不占主动；在企业结构中，国有企业、大型企业比重高，民营企业、中小企业比重偏低，非公有制经济在国民经济中所占比重约为55%，低于浙江省、广东省等东部发达地区，也低于西部地区的四川省、重庆市，企业整体结构抗经济风险的能力较弱。新常态下，消费向个性化、多样化的转变带来产品结构和企业结构的变化。内蒙古自治区地域辽阔、资源丰富，各种资源具有进一步细分的潜力，具有生产差异化产品、满足差异化小众需求的先天优势，这是其他省区无法竞争的禀赋。

（2）投资需求趋势性变化为内蒙古自治区调整投资结构、发展新业态带来新的机遇。新常态下投资需求的根本性变化是从过去传统产业向基础设施互联互通和一些新技术、新产品、新业态、新商业模式转变。自治区的固定资产投资大多数集中在能源、化工、冶金、建材等初级低端且产能过剩的行业，对这些产业再投资的积极性和可能性都在大幅下降。新常态下投资方向转向基础设施、新型城镇化、互联互通领域，基建投资保持较快增长的有力条件较多，借助于投资结构的调整，补自治区基础设施建设之短板，投资将继续对内蒙古自治区经济发展发挥关键作用。

新常态下投资结构的调整有利于挖掘投资潜力。投资资金来源在很大程度上向民间资本开放，政府和社会资本的合作模式（PPP）已经涉及供水、供暖、污水处理、垃圾处理、环境综合整治、交通、新能源汽车、地下综合管廊、医疗、体育等多个领域，这将会激活民间资本投向基础设施领域。

（3）将经济工作着力点放到转方式、调结构上，为自治区加快转变方式与产业升级带来新的机遇。习近平总书记强调，把经济发展抓好，关键还是转方式、调结构，推动产业结构由中低端向中高端加快迈进。自治区九届十一次全委会上把经济结构的战略性调整作为经济社会发展的主攻方向。经济新常态下，通过以经济结构的再平衡实现经济结构的优化升级。应以“五大基地”建设为重点，在加快传统产业改造升级，积极发展战略性新兴产业，加快培育现代服务业上寻求新的机遇。

1）优化产业结构，加快重工业新型化步伐。我国环境承载能力已经达到或接近上线，进一步催生了对绿色低碳循环产品、清洁能源的需求。紧紧抓住国家治理大气污染、化解产能过剩以及对绿色低碳循环产品的需求，大力发展支撑作用强、科技含量高、产业链完备的资源深度开发项目，优胜劣汰，提高资源就地转化率，通过产业链的调整提高其附加值，将自治区建成全国最大的清洁能源、新型煤化工基地。

2）大力发展战略性新兴产业，加快产业多元化进程。依托国家鼓励和支持战略性新兴产业发展的一系列政策，结合自治区的资源优势、产业基础和市场需求潜力，大力发展智能化制造业、以石墨烯电池为动力的新能源汽车制造业、新型环保产业等新一代战略性新兴产业。培育壮大稀土新材料、生物科技与计算等产业集群和其他高端、高附加值产业、资本科技密集型产业，培育具有旺盛活力和持续竞争力的新的经济增长点，实现产业多元化。

3）加快发展现代服务业，培育新的经济增长点。自治区的服务业对经济增长的贡献率低于全国平均水平。同时，这也说明自治区现代服务业发展潜力巨大。

抓住国家密集出台加快发展物联网、养老服务业、健康服务业、生产性服务业、现代保险服务业、体育产业、商业健康保险的机遇，立足自治区的区位优势、气候优势、环境与生态优势、土地优势，大力发展养老健康产业，把自治区建成休闲、健康养老产业基地。不仅服务于区内群众，更可以吸引来自北京、华北乃至全国的消费者，带动基础设施投资、拉动相关产业、提供就业岗位。

按照把内蒙古自治区建成体现草原文化、独具北疆特色的旅游观光休闲度假基地的要求，推动草原文化与旅游产业融合发展，目前，自治区旅游景区的数量和档次与旅游大省存在较大差距，要支撑自治区发展旅游观光休闲度假产业的发展，至少需要建设 8 ~ 10 个国家 5A 级旅游景区和 1 个国际旅游城市，目前自治区仅有两个 5A 级景区。

（4）生产要素相对优势的趋势性变化为自治区创新驱动发展带来新的机遇。长期以来，自治区在技术创新上更多的是模仿和引进创新，缺乏自主创新、引领创新和以科学发展为源头的协同创新。无论是新增长理论、熊彼特的创新理论还是马克思的经济理论，都验证了要素投入增加只有在技术进步的条件下才能推动经济持续增长。创新能够驱动新一轮经济发展的条件是创新要素高度聚集并充满活力、人力资本成为投资重点，孵化和研发新技术成为创新的重点环节，这些环节恰恰是自治区的“短板”。

（5）经济发展空间的优化为自治区融入国家经济发展新格局，把握国家海外投资大趋势带来新的机遇。经济新常态下，国家提出重点实施“一带一路”、京津冀协同发展、长江经济带三大区域战略，其中，丝绸之路经济带对外基础设施投资规模巨大。2014 年国内投资下行，但海外投资逆势增长，未来两三年投资以基建为主，间接拉动国内工程机械、钢铁、原材料相关投资增长。按照国家“一带一路”新的开放战略要求，随着同蒙古国、俄罗斯实现互联互通，自治区将从过去的边缘地区变成区域辐射中心，在“中蒙俄经济走廊”建设中，自治区与周边省区相比，具有产业比较优势和资源禀赋优势，可以把自治区集成为丝绸之路经济带上的重要特色产业支点。

（6）资源环境趋势性变化为自治区生态文明建设带来新的机遇。习近平总书记 2014 年考察内蒙古自治区时指出“内蒙古自治区生态状况如何，不仅关系内蒙古自治区各族群众的生存和发展，也关系华北、东北、西北乃至全国生态安全，要努力把内蒙古自治区建成我国北方重要的生态屏障”。独特的生态地位和良好的生态环境既是自治区宝贵的资源，也是发展的优势。新常态既是经济减速转型提质的新阶段，也是生态建设增量提质的新契机。在新常态下，自治区生态建设立足以下几方面：一是加大生态环境保护投资力度，最大限度地增加生态资产，特别是森林碳汇和草原碳汇，挖掘投资潜力。二是走生态建设与生态产业相融合道路，以产业化方式进行生态建设，通过发展林、沙、草及林下经济产业，既能实现生态效益与经济效益的统一，又可以提升自治区林草产业竞争力，还能带动绿色农畜产品生产加工输出基地和特色旅游观光休闲度假基地建设。三是围绕生态环境建设，大力发展循环经济，形成绿色低碳循环的经济发展方式。

4. 习近平总书记的新五大理念

“理者，物之固然，事之所以然也”。理念是“固然”与“应然”的结合。在党的十八届五中全会上，习近平总书记系统论述了创新、协调、绿色、开放、共享“五大发展理念”。这是全面建成小康社会决胜纲领的灵魂，牢固树立并切实贯彻这个“灵魂”，关系我国发展的全局，攸关“十三五”乃至更长时期我国发展思路、发展方式和发展着力点，需要全国人民尤其是党政领导机关在思想上有新认识，行动上有新举措。

（1）“五大发展理念”是增强发展动力，破解发展难题的“金钥匙”。我国经过 60 多年的发展，特别是改革开放 30 多年以来，在各领域都取得了长足进步，人民生活水平得到全面提升，经济总量已经跃居世界第二。成绩可喜，但存在的问题同样不能忽视。“五大发展理念”针对的就是我国发展中的突出矛盾和问题，致力于破解发展难题，增强发展动力、厚植发展优势，对于全面建成小康社会非常重要。如何破解？“五大发展理念”就是五把“金钥匙”。以创新发展理念为例，尽管我国科技实力取得明显进步，但科技领域的自主创新还是“高原”多，“高峰”少，因此只有把创新摆在国家发展全局的核心位置，让创新贯穿党和国家的一切工作，使创新成为引领发展的第一动力、人才成为支撑发展的第一资源，才能实现发展动力转换，提高发展质量和效益。可以说，创新发展理念聚力解决的正是创新和发展动力不足的问题。

既要金山银山，也要绿水青山，这样的口号喊了很多年了，但如何才能平衡好这“两座山”的关系，使发展真正不以破坏生态环境为代价，“五大发展理念”中的绿色发展理念，给出了明确的答案。近年来，我国一些地方转变发展方式，不仅使生态环境得到了改善，经济发展也在转型中实现了升级，一个个活生生的例子，为绿色发展理念做出了最好的注解。同时，在全球关注气候变化问题的背景下，作为最大的发展中国家，我国致力于解决好本国人与自然和谐的问题，就是在为全球生态安全做贡献。总之，我们可以看到，“五大发展理念”聚焦的是突出问题，为的是在补齐实现全面小康的“短板”上投入更多力量，做足文章，最终让“全面”不留遗憾，更不因“短板”功败垂成，让“全面”完满甚至完美。

（2）“五大发展理念”能焕发出勃勃生机和巨大能量。发展理念是行动的先导。让“五大发展理念”对发展规律的再深化和新飞跃真正见成效，需要一项项具体的举措来保障。

马克思说，一个行动胜过一打纲领。矛盾和问题，既怕识破，更怕攻破。例如，在创新发展这个难题上，就不能只喊口号而没有行动，或者说得多做得少。营造良好的创新环境，让人才敢创新、企业敢投入，并在政策、法律、金融、舆论等方面给予创新保障，这就是实实在在鼓励创新、支持创新、参与创新的行动。再如，绿色发展，既要严厉“禁”，更要有效“引”，既创新完善补偿机制，又指导转变发展方式，只有这样，才会让企业告别粗放式、高耗能的生产方式，让绿色发展理念深入人心，见诸行动，取得实效。

尤其值得注意，围绕落实“五大发展理念”制定政策和措施时，必须瞄准国家发展水平跃升，依据中国的实际，着力解决中国到 2020 年以及未来一个时期的发展问题。与此同时，还应该在做足调研上下功夫，让每项举措都于法有据，同时还要防止出现举措高、大、空现象，真正让每一项措施都接地气，顺民意，解难题。

（3）“五大发展理念”是具有内在联系的集合体，必须打好“组合拳”。我国城乡发展不平衡，区域发展也不平衡，全面小康，重在“全面”。全面建成小康社会，重在打好“五大发展理念”的“组合拳”。

应该认识到，“五大发展理念”是一个整体，是为了坚持和发展中国特色社会主义。其中，创新是引领发展的第一动力，协调是持续健康发展的内在要求，绿色是永续发展的必要条件，开放是国家繁荣发展的必由之路，共享是中国特色社会主义的本质要求。

从理念内容方面看，创新、协调、绿色、开放、共享五者相互依存、相辅相成、相得益彰。从理念逻辑方面看，第一动力、内在要求、必要条件、必由之路、本质要求五者紧密联系、层层递进、顺理成章、交相辉映。从发展理论方面看，“五大发展理念”正在“精神变物质”，增强发展的整体性、协调性、平衡性、包容性、可持续性，既对传统发展进行革新升级，又对现代发展内涵进行全面提升、对现代发展外延予以全方位拓展。从执行操作层面看，必须将“五大发展理念”统一贯彻、统一落实，一体推进、一起发力，不能顾此失彼，也不能相互代替，从而赢得全面建成小康社会的整体胜利。

我们所要实现的全面小康社会，是城乡区域共同的小康社会，是惠及全体人民的小康社会，是经济、政治、文化、社会、生态文明建设“五位一体”社会全面进步的小康社会。7017 万农村贫困人口能否同步小康？2.5 亿城镇外来常住人口如何平等享受公共服务？如何在生产能力迅速扩大的同时，提升优质生态产品的供应能力？《中共中央关于制定国民经济和社会发展第十三个五年规划的建议》指出，针对现阶段我国社会事业发展、生态环境保护、民生保障等方面存在的一些明显短板，必须坚持区域协同、城乡一体、物质文明精神文明并重、经济建设国防建设融合，进一步增强发展的整体性。建成全面小康社会必须弥补“短板”，而越是“短板”，越具有后发优势；越在薄弱环节上多用力，着力解决突出问题和明显短板，越能起到“四两拨千斤”的良好效果。同时还应注意，打好这个“组合拳”，各地必须因地制宜，在多管齐下的同时，应抓住牵一发而动全身的关键点，努力做到“五大发展理念”相互配合，整体联动，在落实各项举措时相互促进，使创新、协调、绿色、开放、共享“五大发展理念”真正成为全面建成小康社会的行动指南。

内蒙古自治区与俄罗斯、蒙古国交界。独特的区位优势，决定了内蒙古自治区在“一带一路”的四条线路之一的中俄蒙经济带中的地位举足轻重、不可替代。发挥好优势，在“一带一路”建设中取得新的成效。

2016 年，内蒙古自治区“一带一路”建设喜讯频传。先是满洲里口岸成为进口俄罗斯荞麦、燕麦、葵花籽、亚麻籽并落地加工的指定口岸。后有内蒙古自治区连接俄罗斯乃至欧洲腹地的重要古商道——“茶叶之路”成功入选国家旅游局推出的首批“中国十大国际旅游品牌”。

作为资源富集区、水系源头区、生态屏障区和特色文化区，从经济发展、生态安全和向北开放等角度看，内蒙古自治区一直发挥着我国向北开放的桥梁和纽带作用。下一步的发展一定要明确产业定位和功能定位，加强政策沟通，打造合作平台，完善与创新同俄罗斯、蒙古国地方政府间的合作机制，协商制定合作规划，推动双方开展务实有效的合作。

交通是经济发展的命脉。建设“一带一路”，交通应先行。对此，为服务“一带一路”内蒙古自治区要建立互联互通大交通。目前，内蒙古自治区与俄蒙两国的公路交通基础设施建设仍显落后，还存在技术等级偏低、运输服务能力不足等问题。国家应从规划、项目审批、用地指标匹配等方面给予内蒙古口岸公路建设重点支持，将内蒙古自治区与俄蒙互联互通公路项目列入国家建设规划，加快推进项目审批立项进度，尽早安排投资补助。此外，国家相关部委应积极协调俄蒙加快与我国对接口岸的公路建设步伐，提升公路等级和通行能力，进一步缓解中蒙、中俄互联互通的瓶颈制约。内蒙古自治区还应在国家的统筹推动下，加快建设连接俄蒙的重点铁路、公路项目，积极推进海拉尔至满洲里高速公路、满都拉至白云鄂博、乌里雅斯太至珠恩嘎达布其等口岸公路项目的建设，力争尽快开放鄂尔多斯国际航空口岸。

近年来，内蒙古自治区与俄罗斯、蒙古国之间以资源产品为主的边境地区贸易合作呈现出发展势头好、增长快和潜力大等特点。同时，也存在一些困难亟待解决，如口岸通关功能差、法律依据亟待完善等。按照“依次推进，先易后难，多方参与，主动让利”的原则，推进中俄、中蒙贸易投资便利化，完善边境自贸区建设与功能。特别是要以满洲里、二连浩特和策克、甘其毛都等口岸为基础，共同推进跨境自由贸易区或跨境经济合作区建设。同时，要加快满洲里和二连浩特开发开放试验区、呼伦贝尔中俄蒙合作先导区建设，争取二连浩特—扎门乌德跨境经济合作区获得批复，实现满洲里综合保税区封关运营。

在开展医疗卫生合作方面，应由内蒙古国际蒙医院发挥牵头作用，率先与蒙古国建立合作医疗机构，通过推动合作，改善蒙古国医疗救援服务水平。同时，内蒙古自治区还应同俄罗斯、蒙古国共同研究整理蒙医学书籍、文献、著作，交流蒙医学科研成果，加强传染性疾病防控合作交流，推动建立热线联系、疫情交换等机制。

“一带一路”商机无限。“一带一路”战略为内蒙古自治区产业和服务贸易提速升级提供了机遇。应大力发展能电产业合作，加快跨境电力与输电通道建设，积极推动清洁、可再生能源合作；积极促进农牧业产业、水资源、生态保护、新一代信息技术、生物制药、蒙医药、新材料等新兴行业领域的深入合作；加快发展跨境电子商务等新的商业业态；支持产能过剩企业走出去，开展国际产能合作，通过这些合作推动内蒙古自治区产业和贸易“双提速”，让产业与贸易双引擎拉动内蒙古经济持续稳步发展。

5. “十个全覆盖”的实施

2014 年，内蒙古自治区农牧民人均纯收入仍低于全国平均水平，全区尚有22%的农牧民家庭人均纯收入不足 3000 元。现阶段内蒙古自治区的城乡差距，很大程度上是公共服务的差距。为此，自治区决定，从 2014 年开始决定用三年时间，在全区实施农村牧区“十个全覆盖”工程，包括农村牧区危房改造、安全饮水、嘎查村街巷硬化、村村通电、村村通广播电视通信、校舍建设及安全改造、嘎查村标准化卫生室、嘎查村文化活动室、便民连锁超市、农村牧区常住人口养老医疗低保等社会保障。这“十个全覆盖”涵盖了公共服务的主要方面，统筹兼顾了当前和长远，充分考虑了需求和可能，是自治区党委政府对广大农牧民群众的着重承诺。按照自治区党委政府的要求，各级政府都要拿出攻坚克难的决心和勇气，高度重视，立即行动，尽快摸清底数，制订规划方案，明确建设标准，加强协调配合，抓紧组织实施，确保自治区成立 70 周年前全面实现“十个全覆盖”的目标。“十个全覆盖”是一项民心所向的工程，它将触角伸到了农牧民群众生活的细微之处，是看得见、摸得着的实惠，它将改变农村牧区的面貌，解决了农牧民行路难、看病难、上学难等问题。“十个全覆盖”是叫得响、抓得实、干得成的民生工程，农村牧区的百姓将真真切切地感受其带来的福音。

近年来，在三大经济引擎减速的背景下，尽快培育拉动经济增长的新动力已成为当务之急。加快民生工程建设具有扩大内需与改善民生的双重效应，是“扩内需、保增长、调结构、重民生”的宏观调控政策的重要内容。

将民生作为经济增长点，既有利于促进经济增长，又有利于推动结构调整；既有利于拉动当前经济增长，又有利于增强经济发展后劲；既能有效扩大投资，又能积极拉动消费，是件一举多赢的重大战略举措。

以惠民为主的民生工程，提高了中低收入者的消费能力。内蒙古自治区加大了民生工程建设，在促就业、增收入、稳物价以及加大医疗、卫生、养老等社会保障方面实施了一系列惠民政策，为推动中低收入群体消费增长提供了坚实的基础。提高了企业退休人员养老金标准，增加了城乡居民医疗保险、补助标准，完善了最低生活保障和社会救助制度，实施了社会救助和保障标准与物价上涨挂钩联动机制，推行平价直销商店等。这些政策措施在一定程度上消除了居民后顾之忧，使居民放心消费，同时也增强了居民的即期消费能力，特别是增强了中低收入者的消费能力，对推动消费稳定增长起到了重要作用。

加快基础设施建设，较好地改善了民生。内蒙古自治区按照科学发展观的要求，大力调整投资结构，把基础设施投资和有助于改善民生的社会事业投资作为投入的重点。城镇基础设施，水利、环境和公共设施以及农业和能源等基础产业投资也保持较快增长。

社会保障事业全面推进，减轻了居民后顾之忧。内蒙古自治区出台了多项社会保障制度，社会保障框架日益健全。城镇居民养老、医疗等各项保障措施都有所加强，农村居民的各项保障也逐步纳入了社会保障体系中。特别是新型农村养老保险制度的建立，是覆盖城乡居民的社会保障体系的又一重大实践。

惠民消费政策促进了消费增长，释放了居民消费潜力。财政政策逐步向社会保障等公共服务领域倾斜，向完善民生方向倾斜，各级政府陆续出台了一系列促进消费的政策措施，对保持经济持续较快发展起到了重要作用。尤其是2008年以来，大范围、强力度出台了扩大消费的“一揽子”政策措施，实施了一系列扩内需、保增长的政策措施，抓住了居民收入水平提高、消费结构升级的有利时机，如以耐用消费品为切入点，实施了家电、汽车下乡和以旧换新等直接促进消费的政策，挖掘消费潜力，促进了城乡消费持续较快增长。这不仅为经济的增长做出了重大贡献，还带动了家电、汽车流通服务网络和再生资源回收利用体系建设，促进了循环经济发展。

# 第二章

# 牧区民生发展的相关理论

## 第一节 公共物品理论

### 一、理论核心内容

从经济学对物品的分类可知，公共物品具有广义和狭义之分。狭义的公共物品是指纯公共物品，即那些既具有非排他性又具有非竞争性的物品。广义的公共物品是指那些具有有限非排他性或非竞争性的物品，一般包括俱乐部物品或自然垄断物品、公共池塘资源或共有资源以及狭义的公共物品三类。

总之，对于公共物品的内涵研究主要存在以下争论：

1. 公共物品的内涵

（1）数量说。在萨缪尔森的定义中，个人消费物品指物品本身，是从量定义的私人消费束。也正因如此，现实生活中很难找到如萨缪尔森所定义的此类公共物品，他的数量说也就不被学者广泛接受。

（2）效用论。物品的不可分性逐渐被人们所质疑。学者们认为公共物品的内涵并不是物品的物理属性，而是其效用属性，是指个人对该物品的效用评价。也有学者认为公共物品是私人消费变量，公共物品与私人物品的转变也就体现在从因变量转变为自变量的过程。

(3) 外部性。公共物品指的是个人在经济体中面临的外部性。公共物品既可以是个人产出，也可以是个人投入。霍尔特曼（Holtermann）认为，由于公共物品和外部性都存在严重的市场机制失灵情形，外部性物品经常被认为是公共物品，但值得注意的是，并非所有外部性物品都是公共物品，也并非所有公共物品都是外部性物品。这种关系主要取决于公共物品的范围和使用途径。

2. 公共物品的特性

根据以上分析，对公共物品的核心可以归纳为如下几点：

(1) 效用的不可分割性。效用的不可分割性是指公共物品是向整个社会共同提供的，具有共同受益或联合消费的特点。其效用为整个社会的成员所共享，而不能将其分割成若干部分，分别归属于某些个人和厂商。国防就是公共物品的一个典型事例。相比之下，私人物品的效用则是可以分割的。私人物品的一个重要特性，就是它可以被分割为许多能够买卖的单位。而且，其效用只对为其付款的人提供，或者说是“谁付款，谁受益”。

(2) 消费的非竞争性。消费的非竞争性是指某一个人或厂商对公共物品的享用，不排斥、妨碍其他人和厂商对其的同时享用，也不会因此而减少其他人或厂商享用该种公共物品的数量和质量。非竞争性对一般私人产品来说，如果一个人消费了某一产品，那么别人就无法再消费了。非竞争性包含以下两方面的含义：①边际生产成本为零。就公共物品而言，消费者的增加并不增加任何生产成本。②边际拥挤成本为零。每个消费者的消费都不能影响其他消费者的消费数量和质量，这种产品不但是共同消费的，而且也不存在消费中的拥挤现象。

(3) 消费的非排他性。消费的非排他性是指公共物品一旦被提供，便有众多的受益者共同消费这一物品，要将其中的任何人排除在对该物品的消费之外是不可能的或无效率的。纯公共物品的非排他性由两个原因决定，一是技术上的不可能性，二是经济上的无效率。

## 二、公共物品理论在牧区民生发展中的实践应用

公共物品问题在本质上可以认为是一个决策问题。民生问题的实质就是对公

共物品和公共服务问题的解决。因而，从公共物品的角度上可以探求其在民生发展中的作用。

1. 公共物品的配置有利于民生政策的完善

公共物品如何满足最广泛的社会成员的需求是应该始终重点关注的一个问题，其目标在于找到一个在社会范围内各方都能接受的社会资源配置的理想状态。也就是说，特定的社会资源在特定的生产技术条件、特定的社会成员的偏好结构及不同的社会大环境下找到一个分别用于公共物品和私人物品生产的最优配置界值，以此来满足社会成员的不同消费需求。在这种情况下，社会成员需按照公平原则来分担公共物品的成本。这对于中国特色社会主义民生问题解决的借鉴意义就是要在继续推进中国特色社会主义市场经济体制改革和加快转变经济发展方式的同时，加快推进社会体制改革，致力于纯公共物品的供给。党的十八大报告中，对社会管理和社会建设已有了清晰的认识，其强调指出，“提高社会管理的科学化水平，必须加强社会管理的法律、体制机制、能力、人才队伍和信息化建设。改进政府提供公共服务的方式，加强基层社会管理和服务体系建设”。

2. 公共物品理论有利于指导民生体制的完善

市场经济条件下，市场调节是资源配置的主要方式，而具体到公共物品的供给上，其制度的含义应胜过其配置的含义。也就是说，在现实社会中，公共物品及服务尤其是在准公共物品的供给的实现应以民主政治的实现和推进为前提。在民主的环境下，关于公共物品及服务的供给的制度化更倾向于全民共享和公民所有。随着中国特色社会主义政治发展及政治体制改革的推进，中国的民主化进程有了重大进步。这为公共物品问题的解决提供了良好的政治环境。关注民生、重视民生、保障民生、改善民生同中国共产党的性质、宗旨和目标一脉相承。教育是民生之基、就业是民生之本、收入分配是民生之源、社会保障是民生之安全网。民生问题的这四个基本问题的解决应“加快形成以政府为主导，覆盖城乡可持续的基本公共服务体系；加快形成政企分开、权责明确、依法自治的现代社会组织体制”，最大限度、科学地拓宽公共服务体系。

3. 公共物品理论能避免牧区民生发展中的“搭便车”行为

公共物品的非排他性特性使“搭便车”的问题不可避免。所谓“搭便车”，也可称为免费搭车，指在经济领域中不付出任何代价就能得到利益的行为。这种行为的出现使市场对公共产品的配置无法达到最优化。因而，在公共经济领域通过明晰公共资源的边界以及明确所有权从公共资源中提取资源的个人或团体部分，同时，管理和监督部门也应采取具体措施来避免“搭便车”行为。在中国特色社会主义社会中，应在反对投机行为的前提下，提供全部社会成员“搭便车”的可能和机会。这里说的“机会”是指在社会主义条件下的教育、医疗、社会保障的最大范围内的全民共享。也就是说，社会主义社会中对公共物品问题中的“搭便车”行为应通过建设完善的“民生之车”来解决。在教育方面，努力办好人民满意的教育。全面实施素质教育，深化教育领域内的体制改革，着力提高教育质量，培养学生的创新精神，致力于各阶段教育水平的提高和完善，使不同年龄层的社会成员有适合的、满意的“教育之车”可搭。在就业方面，坚持以劳动者自主创业为主，以市场调节就业、政府促进就业和鼓励创业为辅。引导劳动者就业观念的转变及劳动者素质的提高，完善“就业体制之车”。在社会保障方面，坚持全覆盖、保基本、多层次、可持续的方针，以增强公平性、适应流动性、保证可持续性为重点，全面建成覆盖城乡居民的“社会保障之车”。公共物品问题是经济学中的概念，民生问题的实质是政府解决公共服务的方法，二者存在千丝万缕的联系。具体到中国当代社会，对公共物品问题的研究应放在中国特色社会主义的大环境中进行，而民生问题的解决不能只将其看作社会学中政府管理的一个问题，更应从经济学公共物品的理论中为民生问题的解决提供新思路。

以保障和改善民生为重点的社会建设是中国特色社会主义现代化建设的中心任务之一。党的第十八次代表大会报告中强调“必须从维护广大人民根本利益的角度，加快健全基本公共服务体系，加强和创新社会管理，推动社会主义和谐社会建设”“要多谋民生之利，多解民生之忧，解决好人民最关心、最直接、最现实的利益问题，在学有所教、劳有所得、老有所依、住有所居上持续取得新进展，努力让人民过上更好的生活”。

# 第二节　宏观调控理论

## 一、理论介绍

1. 发展阶段

中国宏观调控理论的发展是伴随着经济体制改革的发展而不断演变的，在不同的历史阶段，理论关注的重点也有所不同。本书把改革开放以来宏观经济调控理论的演变分为三个阶段：1978～1991年，理论研究的起步阶段。之所以定义为“起步”阶段，是因为在该阶段中国还没有建立起宏观调控理论所赖以生存的市场经济基础，理论体系尚未形成。1992～2000年，是面向市场经济的宏观调控理论体系逐渐形成阶段。党的十四大报告明确提出“我国经济体制改革的目标是建立社会主义市场经济体制”。理论研究进入了“开放”和“实用”的阶段。2001年以来，随着中国加入了世界贸易组织（WTO）其社会经济也进入更加开放的阶段，在此背景下，宏观调控的理论研究也呈现出新的特点，其研究视角和重点发生了变化。

2. 核心思想

国家的宏观调控是指国家运用各种手段对国民经济进行的调节和控制。我国宏观调控的主要目标是促进经济增长，增加就业，稳定物价，保持国际收支平衡，其中，促进经济增长是国家宏观调控最主要的任务和目标。因为经济增长是增强综合国力和实现社会全面进步的基础，是全面建成小康社会的物质保障。国家宏观调控的手段包括经济手段、法律手段和行政手段，其中以经济手段和法律手段为主。三种手段既有区别又有联系。

（1）三种手段的区别。三种手段的区别主要表现在：①内涵和外延不同。经济手段是指国家运用经济政策和计划，通过对经济利益的调整而影响和调节社会经济活动的措施。常见的经济手段有制订经济计划和经济政策。法律手段是国家通过制定和运用经济法规来调节经济活动的方法，其主要包括经济立法、经济执法、法律监督等。行政手段是国家通过行政机构，采取带强制性的行政命令、指示、指标、规定等行政措施来调节和管理经济的方法。行政手段包括行政命令、行政制度、行政规章和条例等。②地位不同。经济手段是国家宏观调控的主要手段，法律手段则是国家宏观调控的重要手段。当经济手段和法律手段都不能有效调节经济活动时，就需要必要的行政手段进行调节了。③特点不同。经济手段调节具有宏观性、战略性、指导性和间接性的特点。法律手段对经济具有普遍的约束力和严格的强制性，对经济运行的调节具有相对的稳定性和明确的规定性。行政手段具有直接、迅速和强制性的特点。

（2）三种手段的联系。三种手段各有特长，各有特色，相互联系，相互补充，共同构成了宏观调控手段的体系。在运用这三种手段时，应以经济手段和法律手段为主，辅之以必要的行政手段，充分发挥宏观调控的总体功能。

## 二、宏观调控理论在牧区民生发展中的实践应用

在牧区经济的发展中，既需要市场的调节，也需要国家层面的宏观调控，两者是相互统一、相互促进的。国家的宏观调控主要运用经济手段、法律手段和行政手段调节市场的发展，其目的就是有效避免市场失灵现象的出现以及减轻经济过热或过冷的程度，从而有效地促进民生经济的发展，让牧民更好地享受经济发展的成果，“十个全覆盖工程”就是政府运用三个手段去改善民生最好的印证。

随着内蒙古自治区经济发展和财政实力的增强，政府将会运用经济手段加大财政补贴力度，保障牧民的基本生活，让牧民有更好的发展；会运用法律手段规范市场的秩序，让牧民的权益受到公平的对待；会运用行政手段，剔除非法取得收入的人员，营造良好的社会环境。政府也会持续加大保障和改善民生的力度，让广大的牧区民众公正公平地分享改革发展成果。特别是在外部环境复杂变化的情况下，各个旗县的政府务必牢牢把握扩大内需这一发展的战略基点，把保障和改善民生放在实施财政政策更加突出的位置，既要积极而为，又要量力而行，做到可持续。政府应继续调整优化财政支出结构，进一步加大民生支出，逐步提高其所占比例，保障广大群众特别是低收入群体的基本生活。也应继续增加就业支出，加大扶贫力度，提高对困难群体的补助水平，减轻物价、就业波动和自然灾害等对城乡低收入居民生活的影响。继续加大对教育、社保、保障性住房、医疗

等基本公共服务的投入，以实施重大民生工程为抓手，强化薄弱环节，多补社会事业的“短板”。保障和改善民生也是发展，是转变经济发展方式的重要方面，其不仅能够提高人民生活水平，而且会促进收入分配调整，构筑社会保障的安全网，增强居民消费能力，直接拉动消费和相关投资的扩大，带动经济发展。

政府在发展民生的过程中要坚持把握好稳中求进的工作总基调，实施积极的财政政策，在总量上，要保持适度的财政赤字和国债规模，更好地将财政用到改善民生这一块，带动牧区的发展。要积极推动扩大内需，促进结构调整和改革，保障和改善民生，切实保证重点领域支出需要。要丰富和完善刺激消费的政策措施，促进消费较快增长。积极鼓励和引导扩大民间投资，让民间资本创造更多的就业岗位，实现牧民的增收。在扩内需中促进外贸稳定发展。特别是要着眼于营造更好的财税环境，实施结构性减税政策，减轻税收负担，激发和保护企业的发展活力，增强经济发展的内生动力。

## 第三节　生态公民权

“生态公民”的提法最早出现在 1990 年加拿大政府出台的一份名为“环境加拿大”的文件中，其号召人们争做生态公民，承诺加深对自然环境的了解并采取负责任的环保行动。由于“生态公民”迎合了现代人们最关心的“公民”与“环境”两个议题，所以，学术界围绕“生态公民”概念从不同领域展开了激烈的讨论与深入的研究。1991 年，弗莱德·斯特华德（Fred Steward，1991）发表“行星地球的公民”的文章；范·斯廷博根（Van Steenbergen，1994）、彼得·克里斯多夫（Peter Christoff，1996）、马克·史密斯（Mark Smith，1998）、乔恩·巴里（John Barry，1999）等学者在其基础上进一步深化相关理论。英国基尔大学安德鲁·多布森（Andrew Dobson）教授在这个领域的研究最为系统、深入。2003 年，他的专著《公民身份与环境》一书发表后，掀起了“生态公民”研究的热潮。

## 一、理论介绍

1. 发展阶段

国外学者对公民理论与环境议题关系的研究，大体上可以分为两个阶段，第一阶段是从20世纪80年代末到90年代初，主要研究生态思想的政治意识形态方面；第二阶段是从20世纪90年代中期至今，主要关注生态思想与政治理论的议题与概念（如民主、正义和公民）间的关系。关于对“生态公民”的研究是在第二个阶段出现的。国外学者对“生态公民”的界定较为复杂，相近的名称有生态公民（ecological citizenship）、绿色公民（green citizenship）、环境公民（environmental citizenship）、可持续公民（sustainability citizenship）、环境理性公民（environmentally reasonable citizenship）、生态管理人（ecological stewardship）。名称的多样反映了“公民”与“环境”间的复杂关系，但基本表达了一致的思想。多布森教授在早期的著作中曾对“生态公民”与“环境公民”做过专门区分，但后期也逐渐混用。

2. 核心思想

“生态公民”是不是一种全新的公民身份形态？如果是的话，如何与传统公民身份相区别？一种观点认为，存在“生态公民”身份，但只是传统公民身份理论拓展的产物。一些学者从自由主义公民身份理论出发，以马歇尔（T. H. Marshall）的“三权利说”作为其逻辑起点，认为“生态公民”的核心是公民权利的一种延伸，即在现有公民权利、政治权利、社会权利之外引入第四种环境权利。

德里克·贝尔（DerekBell，2005）认为，自由主义公民身份理论可以经过修正发展出“自由主义生态公民”理论。贝尔在“自由主义生态公民”的文章中指出，自由主义公民身份理论将自然视为财产权组成要素的思想，容易导致对自然的无限制利用。借鉴罗尔斯的“理性多元主义”理论，贝尔提出“自由主义生态公民”思想，反对单纯从经济维度理解自然，将自然看作“基本需要的满足者”，承认对“作为主体的环境的不同理解”，并提出前者可以发展出实质性的环境权利（如拥有洁净水源的权利）以及代际间的分配正义；后者可以推导出程序性的环境权利，用来制定关于环境的政策。

范·斯廷博根（van Steenbergen，1994）同样注重自由主义权利的视角，认为应该在马歇尔的公民权利、政治权利与社会权利之外引入与环境相关的“第四个维度”，即个人免于遭受环境污染的环境权利。在“走向全球生态公民”一文中，斯廷博根认为，公民概念是一个“全包的”（all – inclusive）、不断拓展的概念，不断兴起的社会运动在其中起到重要作用。在范·斯廷博根的“生态公民”概念中，权利而非义务是其中的重点内容，他认为自然与未来的人类同样拥有权利。在动物权利运动与环境积极分子的影响下，范·斯廷博根构建了“自由主义生态公民”框架，其基础是“所有生命拥有平等的权利”。

相对于国外而言，国内的“生态公民”研究稍显滞后，处于起步阶段，限于概况式的描述与介绍，鲜有深入的分析与评述。在理论分析层面，应加强对“生态公民”概念的理论地位及其与此相关概念的关系研究；在实践层面，“生态公民”的现实意义探讨还需进一步拓展，而不仅限于对环境问题的解决及对生态文明或环境友好型社会的建设。此外，在“生态公民”的现实形态转化上，应加强对作为整体的培育体系、制度体系的研究以及中国式培育“生态公民”的方法与路径探讨。当前对“生态公民”的研究、培育和普及尚有需要进一步探索与讨论的空间。一是在介绍“生态公民”研究进程的同时要进一步深化对其价值与意义的认识。如在推介“生态公民”内涵、特征的同时，还要深入研究引进和培育“生态公民”的价值意义，明确其在生态文明的背景下丰富和拓展了公民身份的内涵，实现了权利与义务新的统一，从自在到自为的跨越以及政治与伦理道德的融合。二是在研究“生态公民”的同时，要深入探讨“生态公民”与生态文明建设的关系，使人们在生态文明建设的过程中能够正确把握和处理主体与基础、目标与动力、物质与精神等关系，从而推动我国生态文明建设顺利开展。三是在研究“生态公民”理论的同时还要从整体上探讨对“生态公民”概念的培育及普及，从而为公民向“生态公民”转化提供具体实用的方法指导。四是对生态人的研究虽然较自然人与经济人有所突破，但如果从公民社会与生态文明建设的角度来把握和认识，推进由生态人向“生态公民”的转变，对于我国公民社会向生态文明社会发展将会有更大的意义。

## 二、"生态公民"概念在牧区民生发展中的实践应用

"生态公民"的提出对于解决我国牧区乃至全球迫在眉睫的生态环境危机、走出发展的环境瓶颈、实现人的全面发展、推进公民社会向生态文明社会转型具有重大的理论和实践意义。牧区人民的生活以草原为主，所以生态系统的破坏对牧区人民的生活造成了极大的困扰。从生态学的观点来看，自然生态系统是一个复杂的开放系统，不断与外界进行物资、能量及信息交换，具有很强的再生产能力，能够通过自我净化、自我修复来维持生态系统高度有序、平衡状态。但是当牧区人民的社会经济活动对生态系统的干扰超过其自我调节功能的限度时，生态系统就会受损，其自我维持能力减弱，稳定性降低，生态环境破坏，甚至产生生态危机，威胁其生存及发展。生态学原理启示我们在设计和实施生态补偿机制时，要有整体意识和全局观念，注重生态系统各个组成要素的关联，理顺和平衡其内在关系，从而有效恢复和改善受损的生态系统。

# 第四节　民生经济学

## 一、理论核心思想

民生是一种哲学概念，其含义是历史和具体的，在不同历史阶段和社会形态中，民生的内涵是不断丰富和发展的。民生含义的核心价值特征是社会公平正义，充满着对于财富平等、阶级平等、权利平等一系列问题的价值判断。对于民生含义的理解不仅影响政府对民生问题的态度和民生政策的价值取向，而且反映出社会舆论与社会公众对民生权利的要求和民生状态的评判。当今社会，民生具体表现为社会问题和经济问题，即民众衣、食、住、行、用、生、老、病、残、死等社会生活的最基本内容，其囊括了人民群众的经济生活、政治生活、文化生活、社会生活、生态环境等相关权益。民生含义的外延是生产、生活资料等精神需求和生活形态、文化模式等物质特征的整体系统。基于民生视角研究非经营性

国有资产管理，就是要研究“非经营性国有资产作为社会主义上层建筑的物质基础”在资产配置和运行过程中如何更好地服务民生利益；不仅如此，非经营性国有资产的存在要有利于促进公有制经济和非公有制经济协调发展，充分调动社会资源用于民生用途。可以说，非经营性国有资产管理的最终目标是要最大限度地保障和改善民生利益，为实现人民群众的“幸福生活”提供和创造物质条件。

发展民生经济的概念自提出以来便受到社会各界的关注，但学术界并未就民生经济的内涵达成共识。有的文献将民生经济看作民生和经济两个独立范畴的简单集合，只要搞好抓民生、促经济这两条主线，就是对民生经济最好的诠释。这种理解会导致实践中的极端错误，不注重改善民生与发展经济之间相辅相成、互相配合的关系，只一味地重视经济或者盲目实施民生工程，这样势必会造成经济资源的浪费及“形象工程”“政绩工程”的存在。其实，没有经济发展作支撑，民生改善的前景一定不会长远；不切实际的民生工程不仅起不到改善民生的作用，反而会拖经济发展的后腿。有的文献认为，民生主导型经济是诠释民生经济最好的字眼，它主张将保障和改善民生贯穿于经济发展的全过程，体现了以人为本的发展理念。这种理解既过分重视经济发展对民生改善的服务功能，也局限了经济发展的目标，忽视了经济服务国防、外交等其他事项的功能。以民生改善主导经济发展虽然可行，但需要社会财富积累到更高的水平，也需要社会的资源配置方式、资源配置能力发展到一定的阶段才可能。

民生经济，比较权威的定义就是把保障和改善中低收入社会成员的生存发展条件作为主线贯穿于生产、分配、消费等经济运行的全过程，通过理顺劳动力、土地、资本等生产要素的比价关系，实现资源合理配置，提高社会整体经济效率，提升社会总福利水平的经济发展模式。本书认为，民生经济并不完全是一个经济范畴，它将改善民生为重点的社会建设植入到发展经济的过程中去，通过形成和完善两者间的互动耦合机制，争取使改善民生、发展经济共同发展，共同进步。

## 二、民生经济学理论在牧区民生发展中的应用

牧区经济发展中存在很多问题，导致牧区人民生活水平比较贫困，主要有经济发展水平低、基础设施薄弱、社会发展程度滞后、生态环境脆弱的特征。

解决牧区的经济发展问题，要构建其理论体系，建立综合考评及干预制度，正确处理发展市场经济同传统畜牧业生产方式之间、经济发展同生态保护之间的矛盾，增强各经济主体间的综合效果。一是要加强牧区经济发展理论研究工作。首先要加强牧区地位和作用问题的研究。我国牧区地处边疆、民族聚居、资源丰富、文化独特，牧区的脱贫致富不仅关系牧区区域经济社会发展，更关系到整个国家生态安全，民族团结和边疆稳定，关系国家总体发展战略的实现。其次要加强生态优先发展理念的研究。生态良好是草原发展、牧民增收的基础，只有实现草原生态良性循环，才能为草原畜牧业健康发展和牧民持续增收奠定坚实的基础，也才能最终实现牧区牧民的脱贫致富。二是要充分发挥政府在牧区经济发展中的主导作用。面临新时期的新形势，各级政府和有关部门应该认清牧区经济发展的形势、明确其在经济发展中的地位和作用，与时俱进，调整政府的职能定位，推动牧区经济发展工作取得更大成效。三是要广泛动员社会力量参与牧区的经济发展。首先，构建社会力量参与经济发展的法制保障体系。其次，建立和健全社会力量参与经济发展的体制机制。最后，加强对社会力量参与经济发展的引导和管理。当前的社会力量参与经济发展处于的是一种“无序”和“无据”状态，在法律体制机制还不健全的情况下，加强对社会各力量的教育和培训是非常必要的。通过教育培训，帮助社会力量掌握参与经济发展的相关技术和方法，引导其参与行为，提高其参与意识和能力，尽快提升社会力量参与经济发展的水平。

## 第五节 政府行为理论

### 一、理论核心思想

政府行为是指国家政权机关依法对社会进行组织、管理的一系列活动的总称。从宏观而言，政府行为代表着整个公共权力运行的方向，维系着社会的秩序与效率；从微观而言，政府行为通过政府各级工作人员的具体实践，被广大公众所感受、评判，并影响着政府的权威与形象，影响着政府的施政能力和效果。

政府行为是政府职能运行过程的具体外化，政府职能必须通过适当的政府行为表现出来。柯武刚、史漫飞认为，政府的职能有三点：保护性职能、提供公共产品以及对收入和财富进行再分配。

基于政府的三大职能，政府行为构建创业环境中的手段包括三个大方面的内容：①保护性政府行为。政府颁布、执行相关政策法规制度以保护与维护个人自由，其中相当一部分是通过政府管制来实现的。②生产性政府行为为创业活动提供公共产品，包括有形基础设施、政府提供的项目支持和各类服务等。③调节性政府行为为创业活动提供减免税费优惠。

## 二、政府行为理论在牧区民生发展中的实践应用

民生问题的产生是有多方面原因的。比如，政府立法的不完善；市场经济的自发性与盲目性；部分人民群众的思想偏差；等等。面对这些问题，只有政府站在一定的高度，充分发挥宏观调控的作用，代表最广大人民的利益去解决这些存在的问题，最终实现社会的公平与公正。所以，政府在解决民生问题中是起主导作用的。但有时政府行为的不恰当又会使民生工程的建设举步维艰。

1. 解决民生问题中形象工程占据相当比重

政府所面对的民生问题是广大人民群众最直接、最根本、最现实的利益问题。而我国部分政府却把政绩放在第一位作为解决民生问题的初衷，致使大量的形象工程出现。政府注意形象是应该的，但并不意味着政府要大量建设形象工程。这也是政府解决民生问题一直停留在表面，而没有深入本质的主要原因之一。

2. 政府的角色偏离

政府角色偏离就是政府没有科学把握自身的定位，导致偏离自身职责任务、活动范围、执行轨道的现象，即我们常说的政府越位、缺位等现象。这些现象会对社会造成不良后果。政府缺位一方面导致了职能部门之间相互推卸责任，许多事情无人问津的现象出现；另一方面打消了人民群众的生产生活积极性，不利于社会经济的发展。政府的越位一方面使政府干预过多、精力过散、负担过重，不可避免地会出现忽略大局、决策失误、效率低下的问题；另一方面，压制了企业、市场、社会的活力，延缓了它们的发育和成长。我国正处在社会主义市场经济发展的阶段，政府在处理民生问题上仍没有完全发挥出应有的作用。

3. 运用手段不科学

政府在处理民生问题时所采取的方法主要有法律手段、经济手段、行政手段、思想政治教育手段等。不可否认我国政府在处理民生问题方面已经有了一定的成果，但是还没有彻底解决民生问题，其主要原因就是政府没有综合运用这几种手段。这几种手段之间是相辅相成，相互补充的，政府必须综合运用，以法律手段为基础，以经济手段作为重点，以行政手段作为关键，以思想政治教育手段作为根本保障，以其他手段作为补充。但现实中政府在处理民生问题时，运用各种手段并不科学，多数还是以经济手段作为重点，解决了表面的问题，而未深入问题的本质。

4. 缺乏长效机制

机制是使制度能够正常运行并发挥预期功能的配套制度。它有两个基本条件：一是要有比较规范、稳定、配套的制度体系；二是要有推动制度正常运行的“动力源”，即要有出于自身利益而积极推动和监督制度运行的组织和个体。机制与制度之间既有联系，也有区别，机制不等同于制度，制度只是机制的外在表现。长效机制，即能长期保证制度正常运行并发挥预期功能的制度体系。长效机制不是一劳永逸、一成不变的，它必须随着时间、条件的变化而不断丰富、发展和完善。机制在社会生活中具有重要地位和巨大作用。从某种意义上说，用机制来规范各种行为，解决各种问题，更加管用，更加持久。代表广大人民群众的根本利益，不但要在思想上牢固确立执政为民的理念，政策上体现人民的要求和意愿，作风上树立亲民、爱民、为民的执政风格，更重要的是建立一套科学的工作机制。

# 第六节 公共选择理论

## 一、理论核心思想

公共选择理论的创始人是美国著名经济学家布坎南，他认为，20 世纪 80 年代的政治经济学研究不应该再继续采用凯恩斯的研究思路，应将政治决策的分析同经济理论结合起来，将经济分析进行扩大并应用到社会—政治法规的选择过程。同时，他通过研究美国的政治制度，最终找到了其经济处于困境的原因是由于政治制度的失败而并非市场制度的失灵。

公共选择理论的研究对象是公共选择问题，公共选择就是指人们通过民主决策的政治过程来决定公共物品的需求、供给和产量，是把私人的个人选择转化为集体选择的一种过程（也可以说是一种机制），是利用非市场决策的方式对资源进行配置。所以，公共选择在本质上，实际就是一种政治过程。公共选择理论分析问题的思路类似于经济理论，其主要任务在于考察政府部门中各种个人行为——作为公职人员候选人的投票者、选民代表、政治团体的领导者等。公共选择理论将经济的思想发展到政治决策领域，对社会科学的发展做出了重要的贡献。

公共选择理论的核心内容可以分为两部分：实证性公共选择理论和规范性公共选择理论。实证性公共选择理论的内容主要涉及各种选举规则、投票以及这些规则在具体操作中所牵涉的各种问题以及相应的解决办法；规范性公共选择理论的主要内容是涉及各种规则的假设前提，同时还包括人们对一个社会公民所应该具有的基本价值的判断以及这些假设前提所适用的具体条件和这些价值判断标准之间可能存在的矛盾以及相应的解决办法。除此之外，这两部分所涉及的具体选择类型也有所不相同。实证性公共选择理论所涉及的决策类型是所进行的决策对集体中的每个人都有利，对任何人的利益都没有损害，这种类型的决策与帕累托边界之外向边界上的各点移动的情况相似；而规范性公共选择理论所进行的决策类型却是所有的决策是在损害其他一部分人利益的基础上来照顾另外一部分人的利益，这类决策与沿着帕累托边界移动的情况相一致。

根据前面的分析可以看出，西方公共选择理论的核心在于使用经济学的思维方式去分析政府管理活动中所涉及的诸多问题。这种分析范式拓展了经济学的研究领域，并为研究政府日常行为提供了新的思考路径。从研究内容上看，公共选择理论深刻地揭示了在开放条件下政府和市场之间存在的共同特征，并考察了政府在经济管理活动中对市场干预失败的根源以及确定实施干预的合理程度。当前，我国正处于经济社会转型时期，社会主义市场经济体制初步建立但还尚未成熟，通过对公共选择理论的深入研究，可以从中得到一定的启发，这对我国政治经济改革和社会主义市场经济体制的进一步完善具有重要意义。

## 二、公共选择理论在牧区民生发展中的实践应用

1. 注重政治和民生制度建设的同步和配套

政府在进行改革的过程中，要注重宏观制度和民生制度改革的同步和配套。通过逐步改革，尽快完成政府职能的转换。根据公共选择理论的基本原理，民生建设与政治市场具有相似性，与政治过程也有密切的联系。政治过程的缺点会对民生建设产生不良的影响。所以，为了早日建成比较完善的民生政治制度，必须进行相应的政治体制改革，并依据人民的内在要求转变政府职能。

2. 政府要进行行政干预保障民生建设

许多民生工程在运行过程中，需要政府的行政干预来维持秩序，以便保证民生工程建设运行的有效性。而政府干预建设的基本依据在于民生政策规定。因此，必须加强制度建设，将民生制度的建设融入政府制度建设的轨道。民生工程的建设和运行需要成熟的制度来保障。所以，在各个民生工程的建立和完善过程中，政府所掌握的公共决策的制定和执行权力必须在政策规定约束的范围之内，通过逐步优化制定和执行公共政策的系统，完善公共决策体制和相关规则，最终提高政府制定和执行公共决策的质量和效率。

3. 政府在制定民生工程制度时须做到适度的灵活性原则

由于各地存在的贫富差距、人口、经济发展水平的不同，民生工程的制定应存在一定的差异性，不能一概而论。因此，政府必须对具体地区，进行具体分析。但是，政府本身也不是万能的，会出现干预失败的可能性，正如美国经济学家刘易斯所说，“政府的失败既可能是由于它们做得太少，也可能是由于它们做得太多”。所以，适度的灵活性原则是政府在干预民生工程建设活动过程中应当遵守的基本准则。

# 第七节　政府职能理论

## 一、理论介绍

1. 发展阶段

新中国成立伊始，在复杂的国际国内环境面前，尽快恢复千疮百孔的国民经济，从落后贫穷的农业国家向社会主义工业化国家转型成为当时面临的紧迫任务。我国实行的计划经济体制基本上以苏联模式为蓝本，最大限度地体现了生产资料公有制和计划经济的特征。1978 年，党的十一届三中全会的召开是中国共产党历史上一个意义深远的伟大转折。在改革开放伟大构想的指引下，围绕经济体制改革和政治体制改革，我国步入了新的社会转型期。我国社会正在从自给、半自给的产品经济社会向社会主义市场经济社会转型，从农业社会向工业社会转型，从乡村社会向城镇社会转型，从封闭、半封闭社会向开放社会转型，从同质的单一型社会向异质的多样性社会转型，从伦理社会向法理社会转型。

2. 核心思想

政府职能是国家行政机关依法对国家和社会公共事务进行管理时应承担的职责和所具有的功能。政府职能反映着公共行政的基本内容和活动方向，是公共行政的本质表现。在通常情况下，政府的职能直接决定着政府的规模、组织形态和管理模式，反映了政府活动的根本任务和基本方向。政府职能适应并服务于各种体制，是国家职能的具体落实和体现。然而，政府职能不是一成不变的，它总是随着不同历史时期的形势和所面临的任务进行适度调整。政府职能转变既是经济体制改革的延续，也是政治体制改革的发端。

政府职能主要包括政治职能、经济职能、文化职能和社会公共服务职能。

（1）政治职能，也称统治职能。政治职能是指政府为维护国家统治阶级的利益，对外保护国家安全，对内维持社会秩序的职能。

（2）经济职能。经济职能是指政府为国家经济的发展，对社会经济生活进行管理的职能。

（3）文化职能。文化职能是指政府为满足人民日益增长的文化生活的需要，依法对文化事业所实施的管理。

（4）社会公共服务职能。指除政治、经济、文化职能以外政府必须承担的其他职能。

## 二、政府职能理论在牧区民生发展中的实践应用

改革开放以来，内蒙古自治区的政治、经济、文化、社会建设取得了飞跃的发展，社会生产力、综合地区实力和竞争力大为增强，各个旗县的人民生活实现了由解决温饱到总体上达到小康的历史性跨越，部分地方的人民生活水平虽然还处于贫困的边缘，但总体上是上升的趋势。

为让更多的人能够享受经济发展的成果，近年来，自治区政府以人民最关心、最直接、最现实的利益问题为重点，优先发展教育，实施扩大就业战略，深化收入分配制度改革，逐步建立覆盖城乡居民的社会保障体系和基本医疗卫生制度，完善社会管理，维护公平正义，社会建设取得了全面进步，在重大民生问题上发生了明显变化。但是，目前我国毕竟还处在社会主义初级阶段，发展基础比较薄弱，而且也不平衡，经济转轨和社会转型导致利益冲突加剧，民生问题面临着诸多新矛盾、新挑战。这些新矛盾和新挑战集中起来表现为我国社会经济发展中的一个主要矛盾，即日益扩大的公共服务需求与严重不足的公共服务供给之间的矛盾。这是社会主义社会的主要矛盾在改革发展新阶段的突出反映。部分农村地区由于公共服务严重短缺，已经出现了因上学返贫和生病返贫的现象。为有效解决这一社会日益突出的矛盾，顺应公共行政环境变化的要求，政府必须进一步转变职能，不断调整行为，明晰角色。改革开放以来，历次政府机构的改革都不尽如人意，职能转变未取得实质性成果，主要原因在于政府职能转变的发展方向还不是十分清晰。现阶段，在党的大政方针引领下，明确提出了以人为本、立党为公、执政为民的理念，紧紧围绕全面建成小康社会的战略目标，在大力促进经济发展的同时，把服务人民群众、尊重民生、重视民生、保障民生和改善民生问题摆在更加突出的位置。这就为我国政府职能

转变提供了一个清晰的发展方向，就是要以构建公共服务型政府为目标，以解决民生问题为政府职能转变的落脚点，让改革发展的成果为最大多数人所共享，使政府真正转变为公共产品的提供者、经济社会环境的创造者、人民权利的维护者。

针对上面构建新型政府所遇到的一系列问题，内蒙古自治区将转变政府职能与促进民生发展相结合，让民众去监督政府的行为，让政府官员去体验民众的生活，尤其是牧区民众的生活，每个政府的工作人员都要进驻牧区，实地考察牧民的生活状况，脚踏实地地为人民服务，带动牧民的发展。

为此，自治区各级政府在转变职能的同时，为着力解决民生问题主要采取了以下一系列措施：其一，大力抓好就业、收入分配和社会保障工作。其二，建立基本医疗卫生制度，提高全民健康水平。政府工作的着力点和财政投入等方面要及时做出必要的调整，推动社会事业加快发展。围绕着人人享有基本卫生保健的目标，着力解决群众看病就医难问题，推进城乡医疗服务体系建设，重点健全农村三级卫生服务网络和城市社区医疗卫生服务体系。其三，抓紧建立住房保障体系，重点发展面向中低收入家庭的住房。通过廉租房、经济适用房制度，解决城市低收入群众住房困难问题。增加中低价位、中小套型普通商品住房，应通过多种途径，帮助中等收入家庭解决住房问题，使占社会大多数的中低收入家庭，有望在这些政策的保障和帮助下“住有所居”。其四，完善社会管理，维护社会安定团结。社会安定有序是人民群众的共同心愿，是改革发展的重要前提。要健全党委领导、政府负责、社会协同、公众参与的社会管理格局，健全基层社会管理体制，最大限度地激发社会创造活力，增加和谐因素，减少不和谐因素，妥善处理人民内部矛盾。完善信访制度，健全党和政府主导的维护群众权益机制。重视社会组织建设和管理。加强安全生产和食品药品监管，保护生态环境和维护社会治安稳定，解决群众反映强烈的突出问题。

# 第八节 社会保障理论

## 一、理论介绍

社会保障是指国家通过立法，积极动员社会各方面资源，保证无收入、低收入以及遭受各种意外灾害的公民能够维持生存，保障劳动者在年老、失业、患病、工伤、生育时的基本生活不受影响，同时根据经济和社会发展状况，逐步提高公共福利水平，提高国民生活质量。

社会保障作为一种国民收入再分配形式是通过一定的制度实现的。我们将由法律规定的、按照某种确定规则经常实施的社会保障政策和措施体系称为社会保障制度。由于各国的国情和历史条件不同，在不同的国家和不同的历史时期，社会保障制度的具体内容不尽一致。但有一点是共同的，那就是为满足社会成员的多层次需要，相应安排多层次的保障项目。一般来说，社会保障由社会保险、社会救济、社会福利、优抚安置等组成，其中，社会保险是社会保障的核心内容。全球的社会保障模式，大致可分为国家福利、国家保险、社会共济和积累储蓄四种，分别以英国、苏联、德国、新加坡为代表。目前我国在建的社会保障制度，属于社会共济模式，即由国家、单位（企业）、个人三方共同为社会保障计划融资，而且这是未来相当长一段时期的改革趋势。个人责任的强化已经成为全球社会保障制度改革的共识。社会保障是现代工业文明的产物，是经济发展的“推进器”，是维护百姓切身利益的“托底机制”，是维护社会安全的“稳定器”。社会保障是现代国家一项基本的社会经济制度，既是社会安定的重要保障，也是社会文明进步的重要标志。

1. 社会保险

社会保险是指国家通过立法建立的一种社会保障制度，目的是使劳动者因年老、失业、患病、工伤、生育而减少或丧失劳动收入时，能从社会获得经济补偿和物质帮助，保障其基本生活。从社会保险的项目内容看，它是以经济保障为前提的。一切国家的社会保险制度，不论其是否完善，都具有强制性、社会性和福利性这三个特点。按照我国劳动法的规定，社会保险项目分为养老保险、失业保险、医疗保险、工伤保险和生育保险。社会保险的保障对象是全体劳动者，资金主要来源是用人单位和劳动者个人的缴费，政府给予资助。依法享受社会保险是劳动者的基本权利。

2. 社会救济

社会救济是指国家和社会对生活在贫困线以下的低收入者或者遭受灾害的生活困难者提供无偿物质帮助的一种社会保障制度。从历史发展看，社会救济先于社会保险。早在 1536 年，法国就通过立法要求在教区进行贫民登记，以维持贫民的基本生活需求。1601 年，英国制定了济贫法，规定对贫民进行救济。中国古代的“义仓”也是一种救济制度。这些都是初级形式的社会救济制度。维持最低水平的基本生活是社会救济制度的基本特征。社会救济经费的主要来源是政府财政支出和社会捐赠。

3. 社会福利

广义的社会福利是指国家为改善和提高全体社会成员的物质生活和精神生活所提供的福利津贴、福利设施和社会服务的总称；狭义的社会福利是指国家向老人、儿童、残疾人等社会中需要给予特殊关心的人群提供的必要的生活保障。

4. 优抚安置

优抚安置是指国家对从事特殊工作者及其家属，如军人及其亲属予以优待、抚恤、安置的一项社会保障制度。在我国，优抚安置的对象主要是烈军属、复员退伍军人、残疾军人及其家属；优抚安置的内容主要包括提供抚恤金、优待金、补助金，举办军人疗养院、光荣院，安置复员退伍军人等。

5. 社会互助

社会互助是指在政府鼓励和支持下，社会团体和社会成员自愿组织和参与的扶弱济困活动。社会互助具有自愿和非营利的特征，其资金主要来源于社会捐赠和成员自愿交费，政府往往从税收等方面给予支持。社会互助主要形式包括工会、妇联等群众团体组织的群众性互助互济；民间公益事业团体组织的慈善救助；城乡居民自发组成的各种形式的互助组织等。

## 二、社会保障理论在牧区民生发展中的实践应用

1. 社会保障是劳动力再生产的"保护器"

社会保障的功能之一就是在劳动力再生产遇到障碍时给予劳动者及其家属以基本生活、生命的必要保障，以维系劳动力再生产的需要，从而保证社会再生产的正常进行。社会保障是社会发展的"稳定器"，通过社会保障对社会财富进行再分配，适当缩小各阶层社会成员之间的收入差距，避免贫富悬殊，使社会成员的基本生活得到保障，能协调社会关系，维护社会稳定。

2. 社会保障是经济发展的"调节器"

社会保障对经济发展的调节作用主要体现在对社会总需求的自动调节方面。在经济萧条时期，一方面，由于失业增加、收入减少，用于社会保障的货币积累相应减少；另一方面，因失业或收入减少而需要社会救济的人数增加，社会用于失业救济和其他社会福利方面的社会保障支出也相应增加。这使社会保障的同期支出大于收入，从而刺激了消费需求和社会总需求。在经济繁荣时期，其作用则正好相反。

3. 社会保障具有促进发展的功能

社会保障制度在产生初期或许主要体现在稳定与调节功能方面，但其发展到今天已经明显具备了促进发展的功能。主要表现：一是能够促进社会成员之间及其与整个社会的协调发展，使社会生活实现良性循环；二是能够促进遭受特殊事件的社会成员重新认识发展变化中的社会环境，适应社会生活的变化；三是能够促进社会成员的物质与精神生活水平提高；四是能够促进政府有关社会政策的实施；五是能够促进社会文明的发展。另外，在经济领域，社会保障通过营造稳定的社会环境促进着经济的发展，同时通过社会保障基金的运营直接促进着某些产业的发展。

4. 社会保障具有互助的功能

社会保障实质上体现了互惠互助以及在其中的他助与自助。社会保障采用责任分担机制，是一种以互助为基石并在互助中使风险得到化解的功能。

社会保障除以上几大功能外，还具有防控风险、资本积累等功能。在经济社会生活中发挥着重要的作用。

总的来说，民生问题直接关系着政府与百姓最本质的关系，民生和社会保障工作是一项系统工程，不仅政策性强、涉及面广，而且任务非常繁重。如果在民生问题上处理不当，任何政府都有可能丧失其合法性，政府要站在解决民生问题的高度来设计完善社会保障制度。社会保障制度既是解决民生问题最坚强的堡垒和后盾，也是最有效的措施，政府要积极完善社会保障体系。当然，完善社会保障制度和解决民生问题，仅靠政府的力量是不够的，还需要发挥市场组织和社会组织的作用。社会各界都应该积极为完善社会保障制度贡献自己的力量。

## 第九节　福利经济学理论

### 一、理论介绍

1. 发展阶段

福利经济学作为一个经济学的分支体系，首先出现在 20 世纪初期的英国。1920 年 A. C. 庇古的《福利经济学》一书的出版是福利经济学产生的标志。第一次世界大战的爆发和俄国十月革命的胜利，使资本主义陷入了经济和政治的全面危机。福利经济学的出现是资本主义世界，首先是英国阶级矛盾和社会经济矛盾尖锐化的结果。西方经济学家承认，英国十分严重的贫富悬殊社会问题由于第一次世界大战变得更为尖锐，因而出现以建立社会福利为目标的研究趋向，导致福利经济学的产生。

1929 ~ 1933 年资本主义世界经济危机以后，英国、美国等的一些资产阶级经济学家在新的历史条件下对福利经济学进行了许多修改和补充。庇古的福利经济学被称作旧福利经济学，庇古以后的福利经济学则被称为新福利经济学。第二次世界大战以来，福利经济学又提出了许多新的问题，正在经历着新的发展和变化。

2. 核心思想

福利经济学研究的主要内容有社会经济运行的目标，或称检验社会经济行为好坏的标准；实现社会经济运行目标所需的生产、交换、分配的一般最适度的条件及其政策建议等，其中核心的内容是三个基本定理：

（1）第一定理（帕累托最优状态）。福利经济学第一基本定理，或者福利经济学第一定律是在经济主体的偏好被良好定义的条件下，带有再分配的价格均衡都是帕累托最优的，是指消费者 A 与 B 的无差异曲线相切的共同切线的斜率等于社会边际转换率。这种状态是通过自由竞争市场实现的。而作为其中的特例，任意的市场竞争均衡都是帕累托最优的。也可这样理解，如果每个人都在竞争性的市场上进行贸易，则所有互利的贸易都将得以完成，并且其产生的均衡资源配置在经济上是有效的。这说明了完全竞争的均衡与帕累托最优状态之间的关系，完全竞争的均衡能够实现帕累托最优。

福利经济学第一定理告诉我们，不管初始资源配置怎样，分散化的竞争市场可以通过个人自利的交易行为达到瓦尔拉斯均衡，而这个均衡一定是帕累托有效的配置。但是，这并没有表明这种均衡配置是“社会福利最大”的，其存在条件：一是市场充分竞争；二是无外部因素；三是无信息不对称。

（2）第二定理。福利经济学第二定理指出，每一种具有帕累托效率的资源配置都可以通过市场机制实现。人们所应做的一切只是使政府进行某些初始的总量再分配。该定理被广泛解释为人们可以使效率问题与分配问题相分离。有时收入分配的结果并不尽如人意，但这并不能否认市场的作用。如果社会不愿进行收入分配，那么政府分配部门（马斯格瑞夫的术语）可以通过总量再分配来改变资源的初始禀赋。福利经济学第二定理证明，每一个帕累托有效的配置，都可由某个初始配置通过市场竞争得到。

第二基本定理告诉我们，存在一个初始的分配方案，重新做财产分配，让所有的社会成员得到相应的份额，然后通过自由竞争，这样一般均衡就一定会达到我们预想的帕累托最优点。

（3）第三定理。第三基本定理（阿罗不可能性定理），在非独裁的情况下，不可能存在有适用于所有个人偏好类型的社会福利函数。

1）消费者的偏好具有完备性、反射性（若 a = b，则 b = a）和可传递性（若 a > b > c，则 a > c）需求是非饱和的，边际替代率（MRS）递减规律成立。

2）边际技术替代率（MRTS）递减规律成立，规模报酬不变或递减。

3）生产和消费都不存在外部性，则每一个完全竞争条件下经济达到的一般均衡都是帕累托最优状态。

这个可能性定理说的是如果我们放弃个体间效用的可比性，放弃基数效用的传统（边沁的传统），在满足前三个条件的情况下，社会偏好的排序不是强加的，就一定是独裁的。这就是“可能性定理”。阿罗认为，导致社会理性的偏好若不是强加的，就一定是独裁的。

## 二、福利经济学理论在牧区民生发展中的实践应用

本书在研究牧区民生发展状况时，从福利经济学的角度感到，对于公平与效率的关系在不同发展阶段应该有不同的含义。现阶段需要强调公平与效率并重，发展经济、促进效率不能以牺牲公平为代价。公平与效率并重，意味着我们要继续发挥市场机制的作用，靠深化市场体制改革来推动经济发展；但同时我们要更加关注公平问题。牧区政府要更加积极主动、深入地参与一些经济生活，积极地创造就业机会，深化财政体制改革促进区域经济协调发展，采取措施建立社会保障事业并覆盖牧区全体牧民，投入更大的精力促进教育、医疗卫生社会事业的发展，深化分配体制改革以缩小收入分配差距日益扩大的趋势，采取市场规制的产业政策等措施来解决日益严重的资源短缺和环境破坏问题。

福利经济学是一门研究如何增进社会福利的经济学分支，它以效率、公平、发展作为理论研究的核心议题，探讨如何达到既促进经济发展、效率提升，又能保障公平公正原则来实行制度的选择与安排。当前内蒙古自治区牧区经济在不断发展，但同时各种经济社会矛盾也日益尖锐和复杂，诸如就业问题、社会保障问题、“三农”问题、资源短缺和环境污染问题、收入差距过大带来的阶层对立问题、改革过程中出现的一些腐败和权钱交易问题等，从福利经济学的角度看，其实就是如何处理政府与市场、效率与公平的关系问题。从福利经济学发展历史中我们可以汲取思想的营养，用于改善牧区民生发展，这对构建和谐社会具有很强的参考价值和借鉴意义。

# 第十节 幸福经济学

## 一、理论介绍

1. 发展阶段

幸福经济学研究源于古典经济学，形成于旧福利经济学，成熟于新福利经济学。考察幸福思想的多学科研究轨迹可帮助我们梳理幸福思想的研究脉络。我们可以把幸福思想的研究划分为以下几个阶段：

（1）第一阶段为幸福思想的理论渊源阶段。这一阶段包括古典道德哲学研究阶段，主张幸福就是“至善”；中世纪欧洲宗教哲学研究阶段，主张“上帝主宰幸福”；古典政治经济学研究阶段，主张能带来社会进步的富裕才会使人民更加幸福和快乐；近代功利主义哲学研究阶段，提出“最大多数人的最大幸福”原理。

（2）第二阶段为近现代新旧福利经济学研究阶段。这一阶段主张以“效用”或“经济福利”替代幸福。

（3）第三阶段为当代幸福经济学研究阶段。这一阶段主张将幸福与伦理道德回归经济学。

近几年，当代经济学研究突出体现了经济学的“人文情怀”，渐渐凸显经济学研究的“增进人类最大幸福”的最终目的。

2. 核心思想

第二次世界大战后，随着凯恩斯主义的发展，人们的经济收入和财富得到了不断的提高，然而财富的增长并没有给人们带来更多的幸福增长，“幸福悖论”也由此而生。首次提出“幸福悖论”命题的是美国经济学家伊斯特琳（Easterlin），他认为，在一个国家内，富人报告的平均幸福和快乐水平高于穷人，但如果进行跨国比较，穷国的幸福水平与富国几乎一样高，财富的多少与幸福程度没有直接的关联性（Easterlin，1974）。伊斯特琳开创了幸福经济学研究的先河，为幸福经济学的创立提供了理论基础。美国另一位将经济研究聚焦于幸福问题的经济学家是提勃尔·西托夫斯基，他指出收入与快乐没有密切联系，其一，快乐与所处阶层密切相关，与个人绝对收入无关；其二，收入常常是做不愉快事情的报酬，收入高意味着做不愉快的事情多（西托夫斯基，2008）。

20 世纪八九十年代，为幸福研究的炽热时期。印度经济学家阿玛蒂亚·森对幸福问题的研究主要是基于福利视角，他把人类幸福更多地归结为人类实质自由的扩展以及人类能力的提升，认为人类幸福的实现就是自由、平等、尊严的拥有。阿玛蒂亚·森关注的主要是人类的普遍福利和幸福，而不仅仅是关注经济增长和资源配置。阿玛蒂亚·森认为，进一步加强伦理学与经济学之间的联系，无论对于经济学还是伦理学都是非常有益的（阿玛蒂亚·森，2006）。新福利经济学的福利是关乎人类幸福和利益的根本问题，任何一个国家对于福利政策的设计和安排都是事关人类幸福最大化、公共利益最大化的社会伦理的规范认识。

1990 年以后，学界对幸福的研究步入了一个多元化的研究时期，其中最为典型的代表是获得 2002 年度诺贝尔经济学奖的丹尼尔·卡尼曼，他认为享乐心理可以定义为对快乐与痛苦、幸福与悲惨的研究，他把快乐等同于幸福，并把经济因素融入幸福与快乐的研究之中。莱亚德认为，无论在哪个社会，富人的幸福指数远高于穷人，当人变得比其他人相对富裕时，他们会变得更幸福；但是当整个社会都变富裕了，人们没有变得更加幸福（理查·莱亚德，2009）。最近几年，对幸福的研究渐渐趋向环境对幸福的影响，美国经济学家韦尔斯切（Heinz Welsch）认为，环境政策对幸福具有很大的影响，环境的数据分析可用于幸福评价（Heinz Welsch，2009）。

## 二、幸福经济学理论在牧区民生发展中的实践应用

幸福经济学的研究是强调用幸福指标作为诠释和衡量经济发展的意义，同时它也强调幸福指标、人类发展指标对社会发展及社会进步的重要意义。牧区存在经济指标与社会指标不同步增长的发展局限性，而幸福经济学的创建和研究，可以帮助我们重新审视经济与社会发展的理念问题。我们应倡导的是“幸福、平等、正义、自由、民主、民生本位”的发展新理念，以新理念设计经济发展政策、社会发展政策、经济与社会制度、法律与文化制度等，以促使社会不断和

谐、进步、文明和稳定发展。幸福经济学的研究也丰富了幸福的变量研究，扩展了幸福经济学的研究范围。最早的幸福经济学研究的是收入、友谊、健康与幸福的关系，现在的幸福经济学研究的是婚姻、失业、生态环境、公共安全、通货膨胀等对幸福的影响。目前，国内外对幸福经济学的研究越来越倾向于关注社会指标和人类发展指标对国民幸福和经济社会发展的影响。

幸福经济学关注的国民幸福总值、社会福利、公平、就业、人类发展指数等社会进步指标都是通过政府的公共政策设计来实现的。因此，幸福经济学的研究对于帮助构建牧区民生发展体系具有重要的现实意义。我们认为，幸福经济学可以在五个方面为牧区民生建设提供政策建议：一是公共政策目标的制度从以往的追求生产总值增长向追求国民幸福总值最大化转变，将公共政策改革与完善目标定位到增进国民幸福上来；二是加强对人们幸福观的教育，发展文化艺术产业，让人们增加享受文化艺术的繁荣所带来的愉悦和快乐；三是公共政策应当更加关注公平，特别是关注和幸福密切相关的民生福祉的公平；四是公共政策应该更加关注环境保护，制定出符合民情民意的环保政策和环保措施，改善生态环境，保护国民的生态福利权；五是提供更好的财政保障性福祉，比如降低通货膨胀率，减少社会失业，提供更好的医疗保健服务，改善教育条件，提供更多的健康服务和基础设施等。

# 第三章

# 牧区民生发展的影响和制约因素分析

内蒙古自治区纯牧区的行政建制分为旗或市（相当于县）、苏木或镇（相当于乡）、嘎查（相当于村）三级[①]。内蒙古自治区的33个纯牧业区域可利用草原面积总计为0.63亿公顷，占到全内蒙古自治区可利用草原面积的84%。草原、牧业旗和半农半牧业旗在各盟市的大体分布情况：阿拉善盟草原面积为1753.47万公顷，有3个牧业旗，分别为阿拉善左旗、阿拉善右旗、额济纳旗。呼伦贝尔市草原面积为685.36万公顷，有4个牧业旗，分别为鄂温克旗、新巴尔虎右旗、新巴尔虎左旗、陈巴尔虎旗；兴安盟草原面积为59.3万公顷，有1个牧业旗，为科尔沁右翼中旗；通辽市草原面积为203.73万公顷，有3个牧业旗，分别为科尔沁左翼中旗、科尔沁左翼后旗、扎鲁特旗；赤峰市草原面积为479.02万公顷，有5个牧业旗，分别为阿鲁科尔沁旗、巴林左旗、巴林右旗、克什克腾旗、翁牛特旗；锡林郭勒盟草原面积为1878.41万公顷，有9个牧业旗市，分别是锡林浩特市、阿巴嘎旗、苏尼特左旗、苏尼特右旗、东乌珠穆沁旗、西乌珠穆沁旗、镶黄旗、正镶白旗、正蓝旗；乌兰察布市草原面积为214.27万公顷，有1个牧业旗，为四子王旗；鄂尔多斯市草原面积为445.44万公顷，有4个牧业旗，分别是鄂托克前旗、鄂托克旗、杭棉旗、乌审旗；巴彦淖尔市草原面积为435.6万公顷，有2个牧业旗，分别是乌拉特中旗和乌拉特后旗；包头市草原面积为

① 马军．基于公共政策视角的内蒙古牧民增收研究［D］．内蒙古农业大学博士学位论文，2009.

165.74 万公顷，有 1 个牧业旗，是达尔罕茂明安联合旗。

2013 年全区共有牧区苏木（乡镇）205 个，其中镇 101 个，有嘎查（村）2421 个。牧区人口 170.09 万人，占农村牧区总人口的 12.81%，占全区总人口的 6.85%；牧区劳动力资源有 101.99 万人，牧业从业人员 89.92 万人。

**表 3-1 2013 年内蒙古自治区境内草原牧区分布**

| 盟市 | 草原面积（万公顷） | 牧业旗（个） |
|---|---|---|
| 阿拉善盟 | 1753.47 | 3 |
| 呼伦贝尔市 | 685.36 | 4 |
| 兴安盟 | 59.3 | 1 |
| 通辽市 | 203.73 | 3 |
| 赤峰市 | 479.02 | 5 |
| 包头市 | 165.74 | 1 |
| 乌兰察布市 | 214.27 | 1 |
| 锡林郭勒盟 | 1878.41 | 9 |
| 鄂尔多斯市 | 445.44 | 4 |
| 巴彦淖尔市 | 435.6 | 2 |

2013 年，内蒙古自治区扶贫资金投入达 80 多亿元（其中中央和自治区安排财政扶贫资金 20.3 亿元），组织实施了 961 个扶贫项目，覆盖 1264 个贫困嘎查村，扶持贫困户 21.1 万户、72.4 万人。通过表 3-2 可知，各个牧区所在市的扶贫情况各不相同，从侧面反映出各个市牧区民生发展的状况。

**表 3-2 2013 年内蒙古自治区各市贫困旗县数量**

| 地区 | 国家扶贫数量 | 自治区扶贫数量 |
|---|---|---|
| 包头市 | 0 | 1 |
| 呼伦贝尔市 | 2 | 4 |
| 兴安盟 | 5 | 1 |
| 通辽市 | 4 | 2 |
| 赤峰市 | 8 | 2 |

续表

| 地区 | 国家扶贫数量 | 自治区扶贫数量 |
|---|---|---|
| 锡林郭勒盟 | 3 | 5 |
| 乌兰察布市 | 8 | 2 |
| 鄂尔多斯市 | 0 | 1 |
| 巴彦淖尔市 | 0 | 5 |
| 阿拉善盟 | 0 | 2 |

## 第一节　内蒙古自治区牧区民生发展的现状

牧区在我国经济社会发展大局中具有重要的战略地位。党中央、国务院历来高度重视牧区工作，在不同历史时期对牧区工作都做出过重要决策和部署，并不断加大支持力度。在各族干部群众的共同努力下，牧区经济社会发展取得了重大成就。但是，由于自然、地理、历史等原因，牧区发展仍然面临不少特殊的困难和问题，欠发达地区的状况仍然没有根本改变，已成为经济社会发展的薄弱环节。[①] 为了广泛而深入地了解内蒙古自治区牧区民生发展存在的问题以及更好地促进牧区经济、社会、文化、生态等的发展，特对内蒙古自治区的广大牧区展开了详细而深入的调查与研究，并选取了内蒙古自治区比较具有代表性的通辽市扎鲁特旗、霍林郭勒市；赤峰市阿鲁科尔沁旗；锡林郭勒东乌珠穆沁旗；乌兰察布市四子王旗；包头市达尔罕与茂名安旗；鄂尔多斯市乌审旗等 12 个地区，红格尔苏木、脑木更苏木等 20 多个苏木、嘎查（村）。深入牧区进行实地考察，取得了大量第一手资料（见图 3 – 1），为本书的顺利完成提供保证。

① 李学．城乡二元结构问题的制度分析与对策反思［J］．公共管理学报，2006，3（4）：81 –89.

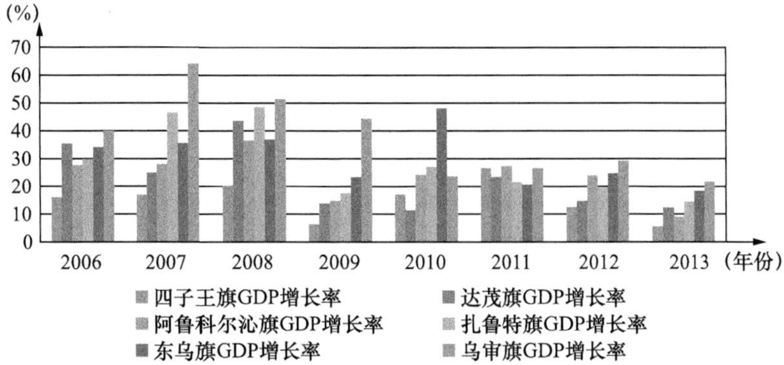


图3-1 6个旗GDP增长率

## 一、民生经济领域

1. 牧民收入增速相对缓慢

（1）与地方GDP增长速度相比牧民收入增长速度相对缓慢。调研的六个旗（乌兰察布市四子王旗、包头市达茂联合旗、赤峰市阿鲁科尔沁旗、通辽市扎鲁特旗、锡林郭勒盟东乌旗、鄂尔多斯市乌审旗）2006~2008年GDP处于高速增长状态，而牧民人均纯收入的增速相对较为缓慢①。从增长率来看，六个旗的GDP增速处于正向的发展，但是四子王旗的人均纯收入却出现负增长的态势。相对来说，牧民的人均纯收入增长速度趋缓以及波动性较大影响了牧民的持续增收，而且牧民人均纯收入增长速度也严重滞后于地方GDP发展速度，或者说牧民生活改善程度远远落后于经济发展速度如图3-2所示。

（2）与城镇居民可支配收入相比牧民收入增长速度相对缓慢。与城镇居民的收入相比，牧民收入的起点相对较低，但从绝对率来看，牧民的人均纯收入增长率要比城镇居民收入的增长率要高，而且增长速度相对比较平缓，但往往不会连续三年高于或低于农民的增长速度。因此牧民人均纯收入一直保持领先地位。但牧民人均纯收入增长不稳定，时而很高，高于35%，时而比城镇居民最低人均纯收入还要低；而城镇居民收入相对牧民收入的增长较为稳定，呈现持续稳定

① 刘娜．我国社会政策运行机制存在的问题及其对策［J］．理论学刊，2012（2）：78-82.

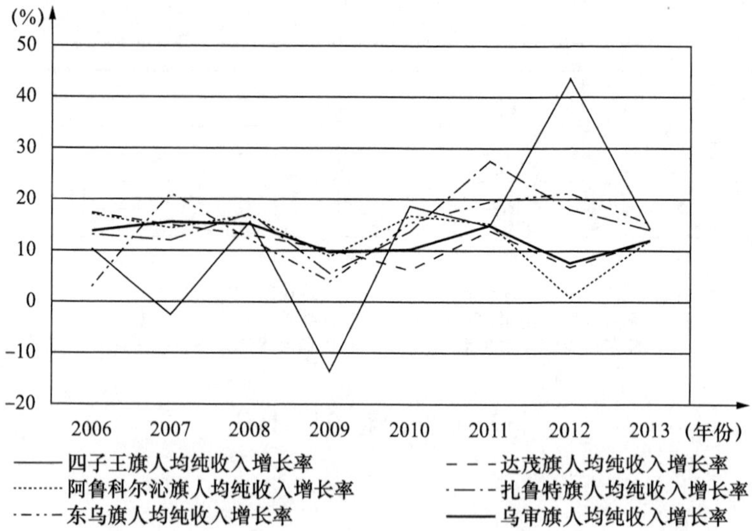


**图 3-2　6 个旗人均纯收入增长率**

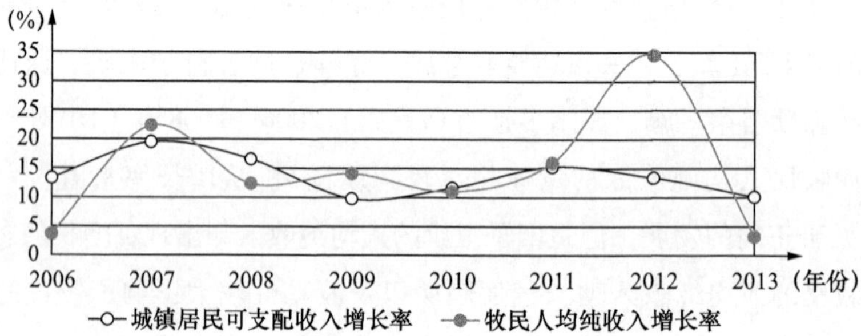


**图 3-3　城镇居民可支配收入与牧民人均纯收入增长率**

增长的趋势。其中从 2010 年开始连续 2 年牧民收入的增长幅度低于城镇居民（见图 3-3）。所以，牧民收入增长速度趋缓以及增长的波动性较大影响了牧民持续增收。

（3）与农民相比牧民收入增长相对缓慢。内蒙古自治区的牧民收入与农民收入相比，从绝对数来看，牧民人均纯收入一直高于农民人均纯收入，而且增长速度也相对平缓，但往往不会连续三年高于或低于农民的增长速度。因此牧民人均纯收入一直保持领先地位。但牧民人均纯收入增长不稳定，时而很高，高于

35%，时而比农民最低人均纯收入还要低；而农民收入相对牧民收入的增长较为稳定，呈现持续稳定增长的趋势。其中从2010年开始连续2年牧民收入的增长幅度低于农民（见图3-4）。所以，牧民收入增长速度趋缓以及增长的波动性较大影响了牧民持续增收。

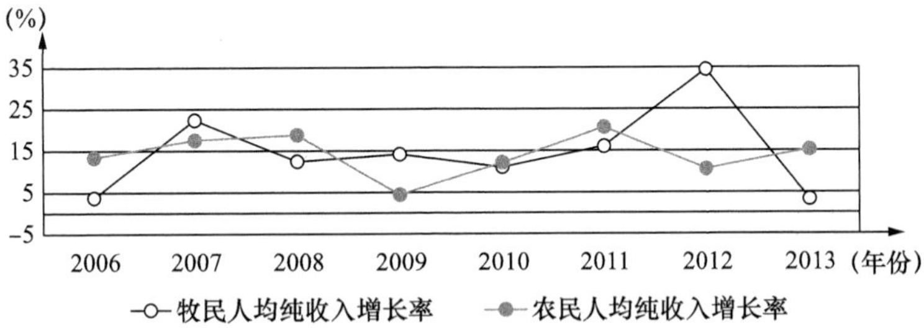


**图3-4 农民与牧民人均纯收入增长率**

2. 牧民收入水平差距大

牧民的收入主要由工资性收入、家庭经营性收入、转移性收入和财产性收入四部分组成，每部分的增长都会影响牧民收入的变化，其中所占的比重越大对拉动牧民的收入影响越大（见表3-3）。

**表3-3 2013年内蒙古自治区各（盟）市牧民收入构成** 单位：元

| 地区 | 牧民人均纯收入 | 工资性收入 | 家庭经营性收入 | 转移性收入 | 财产性收入 |
|---|---|---|---|---|---|
| 包头市 | 11421 | 3513 | 5805 | 740 | 1363 |
| 呼伦贝尔市 | 8807 | 1253 | 5619 | 584 | 1351 |
| 兴安盟 | 5064 | 727 | 3416 | 230 | 691 |
| 通辽市 | 8501 | 1561 | 5712 | 779 | 449 |
| 赤峰市 | 7079 | 2372 | 3913 | 587 | 207 |
| 锡林郭勒盟 | 8924 | 1312 | 5234 | 2037 | 341 |
| 乌兰察布市 | 5853 | 1708 | 6587 | 1160 | 21 |
| 鄂尔多斯市 | 11416 | 3660 | 5742 | 1417 | 597 |
| 巴彦淖尔市 | 10717 | 1802 | 7850 | 310 | 755 |
| 阿拉善盟 | 10420 | 1397 | 4805 | 3264 | 955 |

从绝对数来看，内蒙古自治区由于经济发展的不协调，各地区牧民收入出现很大差异。根据地理区域把内蒙古自治区划分为东部、中部、西部三个部分[①]如图 3 –5 所示。

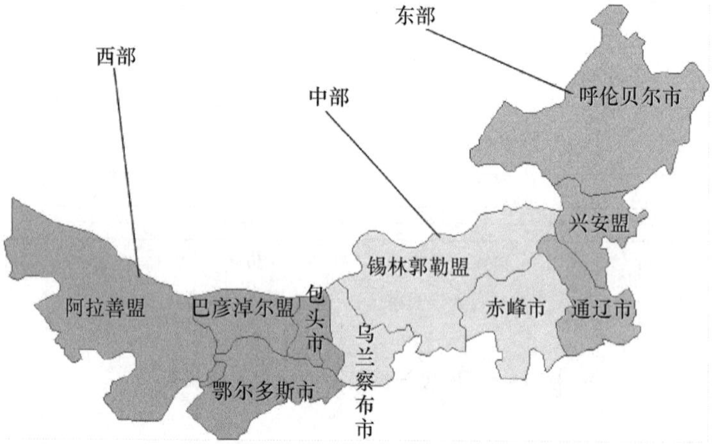


**图 3 –5　内蒙古自治区东部、中部、西部划分示意图**

在把内蒙古自治区牧区分成中部、东部、西部三部分后，通过图 3 –6 将内蒙古自治区东部、中部、西部三个部分纯牧业旗市牧民人均纯收入进行对比，并且根据各地区人口平均纯收入与东部、中部、西部三部分的牧民人均纯收入对比，可以看出 2013 年内蒙古自治区牧民人均纯收入地区间的差异。总的来看，西部地区较东部和中部地区的牧民人均纯收入要高。但各地区的各个盟市的总体水平又有所差距。其中包头市牧民人均纯收入最高，为 11421 元，兴安盟主要是科尔沁右翼中旗最低，为 5064 元，还不到最高的 1/2，与牧民人均纯收入最高的旗市东乌珠穆沁旗 19241 元相比，差距更大，连 1/3 都不到。

而且同样是在东部地区，科尔沁右翼中旗的牧民人均纯收入 5064 元也比呼伦贝尔市和通辽市的牧业旗市的牧民人均纯收入 8807 元和 8501 元低很多。另外同样在西部地区的阿拉善盟的牧民人均纯收入 10420 元，也比同在西部的鄂尔多

① 楚永生，张蕴萍．农村公共物品供给制度缺陷及化解对策［J］．理论学刊，2006（12）：72 –74.

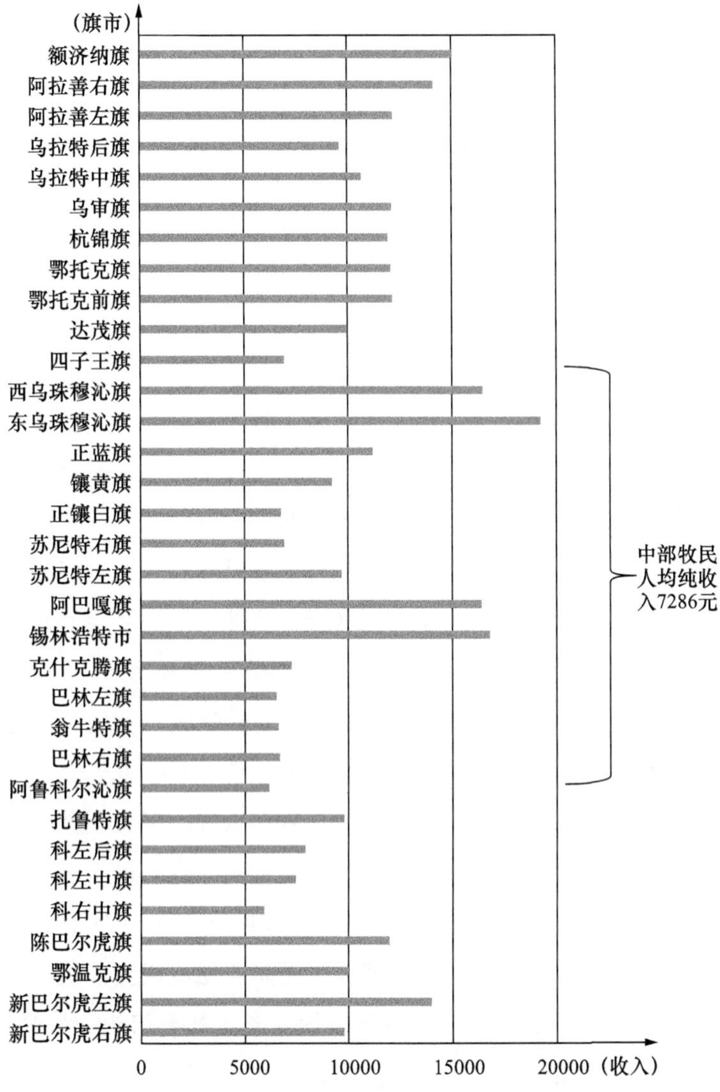


**图 3－6　2013 年各区域牧民人均纯收入（元）**

斯市和包头市的牧民人均纯收入 11416 元和 11421 元低很多。

在锡林郭勒盟内部的 9 个牧区旗市之间牧民人均纯收入也差距较大，最高的为 19241 元，最低的为 6610 元。

因此不仅是内蒙古自治区中部、东部、西部三部分的牧民人均纯收入存在差异，而且各地区内部的各盟市、各旗县都有很大的差异。地区间牧民人均纯收入的差异，主要是由于各地自然资源和社会资源占有情况不同，人口数不同，导致社会和经济发展的重点不同，从而使牧区经济发展水平和经济增长速度存在差异。当然也有部分地区未能因地制宜进行结构调整等原因。

3. 牧区少数民族高校毕业生就业难

牧民家庭同城镇家庭和农民家庭一样，非常重视子女教育，通过各种方式保证子女顺利完成学业，而且教育费用（特别是高等教育费用）对于牧民家庭来说是一项非常大的家庭负担[①]。通过实地调查牧民家庭可知，牧民家庭的教育支出费用仅次于医疗费用位于牧民家庭支出费用压力排序的第二位，可见教育费用是牧民家庭费用开支的主要部分。来自牧区的少数民族学生考入普通高等学校学习现代科学技术知识，对牧民家庭来说是改变孩子命运的绝好机会。然而，牧民家庭花费大量积蓄（甚至借贷）培养的高校少数民族学生毕业后却难以就业，这让牧民家庭难以接受。牧区少数民族高校毕业生就业难问题不仅困扰着牧民家庭，也困扰着牧区地方政府，因为就业问题极易延伸一系列社会问题。首先，牧民家庭背负极大负担支持子女完成了学业，但毕业后无法就业，没有稳定收入，甚至有些大学毕业生赋闲在家，对牧民心理情绪打击极大。调研时一位牧民就反映，大学毕业生就业难刺激了牧民对教育投入的热情，有些家庭已经开始出现教育观念转变的苗头。其次，因供养大学生致贫甚至返贫的现象不胜枚举。大学毕业后无法就业则意味着没有稳定收入来源，有些牧民家庭不得不继续供养孩子的日常生活费用，这无形中又加重了牧民家庭的负担，导致牧民家庭难以脱贫和致富。再次，许多少数民族学生就业困难或就业受阻容易造成其心理极大扭曲，产生对社会的仇视，对生活的厌恶。有些甚至加入非法社会组织，从事违法活动。阿鲁科尔沁旗某位领导指出，无业大学生参与犯罪的现象正在呈上升趋势。最后，待业少数民族大学生是社会的不安定因素之一。少数民族学生接受过高等教育，成为少数民族群众中的精英分子，相比没有接受过高等教育的少数民族群众来说，他们的文化水平和技术能力得到极大的提高，社会认识加强，思维扩展，眼界开阔，但由于社会阅历较少，缺乏社会经验，极易成为某些势力的煽动对象，利用这些尚不成熟的少数民族待业学生制造社会混乱。新疆的一系列事件已

① 李红凤. 健全解决民生问题的公共财政制度探讨［J］. 对外经贸，2010（1）：147－149.

经为内蒙古自治区提供前车之鉴，某些地方领导也在座谈中提及。

4. 牧区转移牧民就业难

转移就业是指因工业化、城镇化和生态建设等过程中的农牧民移民人口的就业①。就业直接关乎转移牧民的家庭收入，是家庭生活的主要来源。因此，转移就业不仅要“搬得出”，还得“稳得住”，更重要的是能够“富起来”。通过实地考察牧民转移安置的六个旗，其都将此作为各个地方的重点工作来抓，特别是完全禁牧的四子王旗和达茂联合旗。达茂联合旗建立新型“牧民小区”来集中安置转移牧民，并提供较为舒适的居住条件和较为完善的社区服务。但通过走访发现，除少数掌握劳动技能（如蒙医、修理、驾驶）安置牧民外，大部分牧民处于待业状态。而且约有 50% 的转移牧民家庭只有一人有稳定工作，而这一份工作的收入就成为家庭收入的唯一来源。据当地转移牧民反映，由于各种原因，转移安置后工作不稳定，就业比城镇其他居民困难许多，这是牧民转移安置后对生活的主要困惑。另据“牧民小区”管理人员反映，牧民家庭女性就业也是一个非常突出的问题。与城镇原有女性居民相比，转移女性牧民由于技能匮乏，语言障碍等原因，就业相对更困难。小区共有 417 户家庭，60% 以上家庭女主人赋闲在家。就业的困难造成收入来源的狭窄，收入来源的问题就会导致移民家庭收入水平的下降和生活水平的降低。而且转移牧民就业困难同牧区少数民族大学生就业困难一样也产生了一连串的社会问题。据达茂联合旗当地政府工作人员反映，牧民转移安置后在城区形成一条具有民族特色的风情街，因为转移牧民就业较少，无业人员较多，犯罪和暴力事件明显多于城区其他区域。

5. 财政补贴不均衡

自治区东西部牧区差异很大，财政补贴没有考虑牧区的这种差异性，存在“一刀切”的弊端。例如，休牧禁牧政策出台后，政府财政的补贴为 6 元/亩，东西部牧区牧民拥有的草场面积、载畜量、草质、牧业收入等都存在很大差异，但各级政府的各类补奖额度却没有差异，这必然导致东西部牧民在休牧禁牧后的收入产生差距，草场面积大的地区牧民收入高，草场面积少的地区牧民收入少。但所有牧民在休牧禁牧后都面临生存和发展问题，需要的收入和保障是同等的。

① 胡学珍．浅谈建立和改善民生长效机制问题［J］．时代金融，2012（36）．

### 6. 财政补贴使用率不高

国家部委和自治区都有针对牧区的各类专项资金，但在实际的调查中发现，专项资金拨付渠道多元化，而且针对性很强。由于拨付渠道的多元化，使有些专项资金出现重复拨付现象，即针对一个问题有多个部门拨付资金，即使该问题得到了充分的解决，但仍然有源源不断的资金到位，且多部门拨付的用途相同的资金无法转为他用，牧民只能这样年复一年享受着多个政府部门提供的同样的资助。这就出现了针对一些问题钱太多，重复使用，另一些牧区急需要解决的问题资金严重短缺的悖论，概括为“专项资金悖论”。

在民生经济领域里，除了上述出现的问题之外，还存在很多问题，比如牧区的财政补贴有来自发展和改革委员会、农牧业厅、林业厅、环保局、民族事务局、水利厅等多个职能部门，补贴分散、重复补贴现象严重，而且各类补贴因财政支出严格的程序限制和各自的绩效考核，无法整合使用。这些问题本书都会相应地提出解决之策。

## 二、民生公共服务领域

### 1. 牧区电力分配不均

牧区电力基础设施相对其他领域基础设施而言比较乐观。随着农村牧区电网改造、送电到乡、光明等项目的实施以及牧区“风光互补发电装置”的推广，牧区电力基础设施的供电能力显著提高，电力基本能够满足牧区生产生活的需求。但有些地方供电不足、电压不稳，制约了牧民对家用电器的消费行为；有些偏远且居住分散的牧区，电网没有接入，普遍使用“风光互补发电装置”，虽然能够满足牧区牧民的生活用电，但由于其容量较小，且受天气影响较大，无法完全满足牧区生产用电。

目前牧区电力供应主要由“电网延伸和风光互补”两种方式解决，一部分是通过落实“村村通电”工程，努力延伸电网，保证牧区的电力使用；另一部分借助风光发电技术，在政府财力补贴和牧民自筹经费的基础上安装使用的“风光互补发电设备”，基本满足了牧民生产生活中对电力的需求。

从牧区电力基础设施的解决措施看出，电力基础设施的完善和电力供应的保障，取决于各级政府的投入和相关技术的进步。

2. 牧区道路交通建设滞后

根据内蒙古自治区交通厅发布的消息，截至2009年，内蒙古自治区农村牧区公路总里程达到12.3万公里①。到2008年底，内蒙古自治区1235个苏木（乡镇）有1143个通油路、水泥路，畅通率达到92.6%，12306个嘎查（村）有9274个通公路，通达率达到75.4%。全区100%的苏木（乡镇）和81.3%的嘎查（村）通了客车。2009年，内蒙古自治区共安排新、续建农村牧区公路项目1005个，建设规模为1.7万公里，计划完成投资95亿元。内蒙古自治区道路交通基础设施建设有了长足发展和历史性突破。

但相对于内蒙古自治区118.3万平方公里的面积和11.38亿亩草原面积，对涉及33个牧业旗县和21个半农半牧业旗县的广大牧区来讲，道路基础设施仍然十分滞后，主要表现在：第一，连接嘎查与牧户的道路几乎全部是自然路，尤其是居住分散的牧户，远离嘎查公路，自然路通行能力很差，在雨雪天几乎无法通行。近些年，牧区几次大的灾害所带来的损失，几乎都和牧区的道路交通有关。例如，2010年1月，乌兰察布市四子王旗遭受到严重暴风雪灾害，60%以上的自然路无法通行，导致大量牲畜无法转移，给牧民带来巨大的经济损失。第二，因大多数牧区建设财力严重不足，早期的公路无力养护，路面残损严重。锡林郭勒盟乌拉盖开发区至东乌旗道路损毁严重，公路长年失修，凹凸不平，尤其在雨雪天气过后更是泥泞不堪，普通汽车难以通行，对只拥有四轮车和摩托车的普通牧民来说，外出的道路基本被封锁，只能通过大型交通工具才能出行。道路交通基础设施建设滞后严重阻碍了牧区的对外联系、资源流动和经济社会发展。

3. 牧区水利设施分布不均衡

牧区人畜饮水基础设施建设严重滞后，尤其是自治区西部地区情形非常严峻。牧区水利基础设施主要包括大型水库、中小型水库、塘坝、各种类型渠首工程、集雨工程、地下水供水工程（深机井和各种类型的浅井，如塑料管井、大口井）等。调查中了解到，上述各类水利基础设施在牧区都有，但因牧区连年干旱，大部分水利基础设施常年闲置、年久失修，而且分布不均衡，水利基础设施功效低下。

---

① 邹海燕．建立改善民生的长效机制［J］．企业家天地（理论版），2008（2）：198－199.

牧区水利基础设施建设的滞后严重制约了牧区的生产生活。在乌兰察布市四子王旗脑木更苏木虽然也修建了各类集雨工程和地下水供水工程，但大部分水利基础设施无法提供人畜饮水，牧场人畜饮水非常困难，只能到邻近地区拉水使用。赤峰市白音华水库是自治区库容量较大的水库，但 2011 年 7 月 20 毫米的降水量，就使其面临炸坝的危险，水库对水量调节和蓄水能力的下降导致牧区无法很好地利用水资源。牧区水资源的缺乏和大量劳力、资金的投入，使牧业生产成本急剧增加，生产收益率下降甚至入不敷出。在调研中牧民给我们算了笔账，加上人工成本、燃料成本、车辆损耗，牧区有些地方拉水成本占到了牧业生产成本的 50% ~60%，严重影响了牧业生产的增收额。

4. 牧区通信网络设施单一落后

牧区目前的通信主要以手机为主，大部分牧户没有固定电话。移动通信虽然能够使用，但因为基础设施建设滞后，信号覆盖面窄，尤其在边远牧区，手机信号存在盲区，影响了牧民的生产生活。牧区网络基础设施更为短缺，宽带接通仅限于苏木乡镇和个别嘎查（村），网络不是无缝覆盖，牧区网络覆盖率和使用率极低，不能满足农村牧区对网络（信息高速公路）的需求。牧区通信网络基础设施建设滞后，导致信息闭塞，科技推广工作滞后，农村牧区经济的商品化和市场化程度难以提高。

## 三、民生社会发展领域

1. 牧区义务教育基本得到保障，但存在衍生问题

通过实地调查了解到，广大牧区基本实现了普及九年义务教育的目标。校安工程稳步推进。优先发展民族教育，在经费方面给予倾斜，改善民族学校的办学条件，为少数民族及贫困家庭学生免除学杂费。部分地区积极推进高中阶段免费教育。但其中也存在一些问题值得思考。

第一，由于“撤乡并镇”政策的推行，许多原设在嘎查的教学点已撤销，取而代之的是苏木中心校，而苏木中心校距离牧民家少则几公里多则几十公里，学生要么选择住校，要么选择家长陪读。虽然牧区学生可以享受国家的教育优惠政策，但由于低龄住宿学生自理能力较差，所以致使不少牧民家庭选择家长“陪读”方式。而“陪读”带来的房屋租金、生活费等基本费用的增加给牧民家庭

带来不小的负担。在四子王旗脑木更苏木，东乌珠穆沁旗满都胡宝拉格苏木等地的牧民都有反映。

第二，由于地处边远，条件艰苦，牧区学校师资问题比较突出。首先是专业课教师年龄结构老化、知识底子薄、学历层次低，对中小学教师的培训、再教育工作也比较滞后，严重影响教学质量。特别是素质课教师问题尤其严重，通辽扎鲁特旗反映，在牧区学校，音乐、体育、美术、英语、计算机等课程由于师资缺乏基本开不全，与城市学校相比有天壤之别。其次是住宿学生的生活教师的管理业余化。对低龄住宿学生进行管理的教师，往往是合并若干学校后，不能承担教学工作的管理或工勤人员。这些生活教师缺乏专业知识和必备的基本素质，只能承担“不出危险”的任务，至于引导学生生活，疏通学生心理等促进学生身心健康的工作根本无从谈起。

第三，由于交通不便，所以诸多中心校选择两周连续上课 10 天，休息 4 天的教学方式。对于家庭距离学校较远的学生，绝大多数学校没有条件配备校车，学校只好委托长途汽车公司，由学生支付费用回家。这也是为了减少学生回家的成本不得已的选择。另外一部分能够配备校车的学校，由于运行成本高，为了节省运输成本也选择了这样的教学方式。从节约学校、学生成本的角度来看，这无疑是一种好办法。但对于少年儿童的成长来看，是否符合教育规律值得商榷。

第四，民族学校生源问题。近年来，自治区党委对民族学校的发展高度重视，加大了建设力度，包括教学楼、校舍、教学仪器的投入。但是民族学校依然存在少数民族学生流失的现象。特别是撤乡并镇之后，教学点相对集中，蒙古语听课学生数量逐年减少，这对民族文化的传承有相当大的影响。

2. 牧区学前教育存在大片“盲区”

由于投入严重不足，目前农村牧区各类幼儿园普遍存在办学条件差、缺少专业幼儿教师、管理混乱等问题。截至 2010 年底，内蒙古自治区学前三年入园率为 52.8%，农村牧区更是有相当数量的适龄儿童无缘接受早期教育，牧区幼儿园、民族幼儿园严重缺乏（见表 3－4），农村牧区学前教育已成为整个教育体系的“盲区”。应加快推行“内蒙古自治区人民政府关于印发自治区学前教育三年行动计划（2011～2013 年）的通知”的步伐。

表 3－4 五个旗幼儿园数量

| 人口与园数 \ 旗 | 四子王旗 | 达茂旗 | 阿鲁科尔沁旗 | 扎鲁特旗 | 东乌珠穆沁旗 |
|---|---|---|---|---|---|
| 人口（万人） | 20.56 | 11.43 | 30 | 29.25 | 8.6 |
| 幼儿园数（所） | 6 | 7 | 5 | 14 | 4 |

3. 牧区科技投入不足以及配套设施落后

随着科技惠牧政策的推行，牧区加大了对牧业技术推广人员的经费支持，牧业技术推广人员的工资有了保障，但是业务经费不足，科技人员的下乡旅差费、实验经费、事业补贴、奖金福利难以保障。特别是牧区与农区比较有其特殊性，地域广阔，牧民居住地分散，苏木镇服务半径大。在四子王旗、东乌珠穆沁旗等地“有钱养兵，没钱打仗”的局面是目前牧区牧业技术推广的主要问题。

牧区的科技配套不仅包括设备的配备也包括技术人员的配备，从目前牧区的科技配套设施来看，存在科学技术装备差，开展工作困难，技术推广方法单一，科技人员断层和知识老化等问题。现从这三个角度谈一下牧区科技落后的程度。

（1）科学技术装备差、开展工作困难。由于牧区畜牧业技术服务推广体系、动物疫病防控服务体系不健全，基础设施、技术装备、工作补贴等方面存在缺失，致使很多科技工作难以开展，难以满足需要。例如，达茂旗、四子王旗等地反映的布病（又称布鲁菌病，也称波状热，是布鲁菌引起的急性或慢性传染病，属自然疫源性疾病，临床上主要表现为病情轻重不一的发热、多汗、关节痛等）问题尤其典型，由于动物疫病专业机构防治能力建设滞后，布病防治监测仪器设备陈旧简陋，各级专业防治技术人员布病临床诊断、治疗手段落后，从而削弱和影响了布病防治的工作能力。多年来，由于布病防治工作条件艰苦，专业人员待遇相对偏低，大量专业技术人员转岗、调离，同时专业队伍老化的问题日渐突出，导致布病专业队伍整体素质下降，特别是高素质的临床医师缺乏，难以满足布病防治工作的实际需要。

（2）牧区信息化服务体系不健全，农牧业技术推广方法单一。完善的农牧区信息服务体系是为广大农牧民、种养大户、专业合作社、农牧业龙头企业、农产品交易市场等提供信息服务的，其是增加农牧民经济收入，提高企业经济效益的有效途径。由于在牧区农牧业信息收集和发布体制不健全，导致农牧业信息服务覆盖不广、模式少，不能为农牧民和企业生产者提供及时有效的信息服务。

目前，广大牧区在农牧业新技术推广上基本是“技术培训 + 行政干预”的方式，农牧民被动地接受新技术，看不到新技术带来的效益和实惠，因此农牧民参与引进推广新技术的积极性不高。加之涉农部门各自为政，单项推广各自技术，没有形成合力和组装配套，因此，增产增效不显著。

（3）科技人员断层和知识老化。由于受编制限制，畜牧业技术推广机构人员进出不畅，大部分科技人员知识老化，技术落后，很难适应现代畜牧业生产发展的要求。多数涉农服务机构无法吸收大专院校的毕业生，基层农技队伍已多年未得到补充和更新，加之在职人员接受新技术培训的机会少，导致现有科技人员断层和知识老化，尤其是对新品种、新技术的有关知识掌握不够透彻，许多农技人员技术落后，观念陈旧，难以有效向农牧民推广最新的农牧业技术。

4. 牧区公共文化站缺乏内部设施

重硬件轻软件现象普遍存在。牧民看书难，看专业的牧业生产的书更难，看电影难的现象普遍存在，经常性的群众文化活动比较贫乏单调。很多牧区嘎查有草原书屋，但图书量很少，大多是陈旧图书，新书补充量极为有限，尤其是针对牧业生产的书非常有限。有的嘎查图书室干脆挂一牌子用作他用。还有就是电影放映问题，以旗为单位配备的放映车工作成本高，服务半径大，由于放映时路途遥远，路况差等原因，汽油、维护等费用的成本较高，使电影放映车闲置，起不到其应有的作用，难以保证每个嘎查每月一场电影的放映数量和质量①。

文化投入偏重城市，偏重节庆和大项目，这制约了苏木镇文体活动的经常性开展，造成文体活动的贫乏，缺乏对群众参与的吸引力和号召力，与人民群众日益增长的文化需求形成强烈反差，基层反应强烈。

5. 牧区公共文化缺乏专业人员

基层文化站（室）工作人员业务能力和素质参差不齐，知识更新慢，文化、文艺活动策划编导能力差。许多人在编不在岗，工作人员混岗使用，兼职较多，有效投入文化站工作的精力和时间非常有限，管理体制不顺等导致文化站的思路

① 张志敏，冯春安．中国宏观调控理论的演变、纷争与挑战［J］．经济学动态，2009（1）：42－46.

少、办法少，活动内容赶不上时代的发展，不能充分发挥基层文化站的宣传、教育、辅导的作用。经常性的群众文化活动比较贫乏单调。这些严重制约了苏木镇综合文化站的宣传示范、带动娱乐和服务功能的发挥，大部分嘎查文化室无法开展活动。

## 四、民生环境领域

1. 牧区居民与工矿企业矛盾恶化

内蒙古自治区牧区拥有储量巨大的矿产资源，这成为牧区地方政府推动地方经济腾飞的捷径。大量引进矿产企业，进行矿产资源开发，发展化工、煤炭等重工业成为某些地区经济发展的主导方向。但同时牧区地方政府并未考虑牧区社会的承载能力和实际需求。大量企业的进驻和重工业的膨胀，带来了严重的污染和水土破坏，原有的生态系统被破坏，威胁到了牧区居民的生产生活的正常秩序。牧区居民以蒙古族为主，作为世世代代生长生活在草原上的群体，对草原有特殊的感情，工业的肆意破坏必然会触发他们强烈的不满情绪。特别是在“锡盟事件”之后，在一些矿山附近居住的牧民受此事件影响，且自我维护权利意识的增强，与工矿企业因为污染、补偿等问题发生多次纠纷。

这种社会矛盾表现在个别厂矿企业排出的废水及废气严重影响了当地牧区居民的正常生产生活方面。一些矿区出现粉尘噪声污染、碾压草场、周边水位下降等问题。周边牧民也难以忍受个别企业占用草牧场对牧民补偿不到位，损害牧区居民利益的现象。部分地区低价流转草牧场，已流转的草牧场由于牧民的反悔，出现新的矛盾纠纷、地质勘探、天然气管道铺设等也对牧区道路及草场造成破坏，且不予补偿，即使补偿标，准也过低。政府为发展经济宽容企业，企业为谋求利益，社会责任意识淡薄，加上牧区居民维权意识的增强，牧区居民与厂矿企业之间由潜在矛盾逐步转变为显性矛盾。

从现阶段来看，牧区居民与厂矿企业矛盾已经成为困扰牧区发展的首要社会问题，有些地区已经凸显，有些地区还处于隐形状态。无论是矛盾已经显性还是隐形，牧区居民与厂矿企业之间的矛盾已经成为牧区社会发展的难题。如果不能及时和有效地化解矛盾，必然会引起牧区社会的强烈反弹，“锡盟事件”就是惨痛的教训。

2. 撤乡并镇后遗症

内蒙古自治区在前些年进行了大规模的撤乡并镇行动，旨在削减行政机构，提高行政效率，压缩行政经费。牧区有牧区的特殊性，一般地广人稀，居民居住非常分散，撤乡并镇后不可避免地导致基层政府所辖面积扩大，这对基层政府来说社会管理和公共服务成本随之提高，对已经经济发展相对滞后，财政紧张和办公人员有限的苏木基层政府更显得力不从心。

由于撤乡并镇幅度较大，对牧区社会管理影响非常明显。牧区基层政府对辖区面积内有些地方无暇顾及，甚至出现了“盲区”。正如四子王旗脑木更苏木书记所言“撤乡并镇一下加重了我们基层政府的责任和负担，开越野车把苏木所有地方都走一遍需要七天七夜，让我们很难对各个嘎查进行管理”。“盲区”的出现，可能会给反动分子和社会闲散人员可乘之机，直接影响社会稳定。如锡林郭勒盟乡镇由最早的100多个压缩到58个，其中最大的苏木面积达8000多平方公里，但是苏木所有工作人员仅有60多人，造成了牧区社会管理的困难。有些基层政府职能转变较慢，仍然停留在原有的社会管理思维和方法中，加上基层政府深入调查时间较少，缺乏对牧区居民利益诉求和现实情况的了解，忽视了牧区居民的诉求，导致牧区干部和群众关系逐渐冷淡和紧张。

3. 经济发展和生态保护矛盾突出

牧区虽然工业基础薄弱、经济发展相对滞后，但是部分牧区拥有丰富的自然资源。在近些年大宗物质紧俏和价格不断上涨的诱惑下，部分地区通过出卖资源、矿产开放快速推动了地方GDP的增长，地方财政收入也随之得到较快提高。如锡林浩特盟西乌珠穆沁旗2011年地方GDP为88.7亿元，地方一般财政预算收入为7.5亿元，而2006年地方GDP仅为19.0亿元，地方一般财政预算收入仅为1.2亿元，地方GDP和财政收入增长迅速，GDP年均增长61%，财政收入年均增长87.5%。① 但是在地方经济迅速发展的背后，是草原生态环境的破坏，包括辗压草原、地下水位下降、粉尘污染等。虽然牧区地方政府也采取了一系列的保护措施，对生态环境保护有一定作用，但从整体来看，生态环境保护形势严峻，地方经济增长与环境保护矛盾越来越突出。发展经济的直接后果就是忽视了草原

① 张振敏．内蒙古牧区生态减贫研究［D］．中国农业科学院博士学位论文，2013.

生态环境、群众利益等问题，包括粉尘污染、碾压草场、噪声扰民、地下水水位下降、人畜饮水等问题。虽然国家实施了一系列生态建设项目，牧区生态环境在一定程度上有所恢复，但整体依旧脆弱，反弹或退化严重。经济发展与生态保护之间的矛盾始终存在，并依旧突出。牧民受禁牧、轮牧、休牧和草畜平衡政策影响以及自身思想文化等条件所限，生产生活方式一时难以转变，组织化程度不高，生产成本大幅攀升，农畜产品价格相对偏低，物价上涨，以及各种灾害的影响，增收越来越难。

4. *水资源开发和保护矛盾加剧*

牧区生态系统不容忽视的是水资源利用，水资源是牧区生态的支撑，缺乏水的供养，牧区生态循环就难以维系。但是，从牧区水资源开发利用来看，普遍存在“重利用，轻保护”的观念，在统一管理上存在较大难度。目前各行业存在竞争编报水资源开发项目现象，很多项目盲目上马，缺乏水资源平衡计算和统一管理，缺乏统一规划，导致地下水过量超采，投资大，资源利用效果和社会效益很差。调研中发现，由于行政区域界限，上游保护下游开采时有发生，上下游用水矛盾激化，给统一管理造成一定难度。在一些干旱少雨、水资源匮乏地区，牧区大多数牧民生产生活用水全靠远距离拉水解决，但当地为发展经济，招商引资，又不惜在一些地下水源较好的地方引进企业。在地方经济由畜牧业主导向工业主导转变过程中，若不注意水资源的合理开发利用和有效保护，影响草原地下水补给，将给草原生态带来毁灭性打击。

5. *矿产资源开发和管理引发一系列问题*

矿产资源开发中非法开采、越界开采、乱采滥挖、采富弃贫、破坏浪费、利益分配不合理、矿业权非法转让等问题依旧不同程度地存在。这是一些相对显性的问题，容易得到解决。但还有一些较为隐性的问题，往往容易被忽视或视而不见，诸如由于矿产资源开发，改变了草原原本地貌，侵占了大量土地资源，矿业“三废”带来了环境污染，矿区环境污染又直接影响居民身体健康等。草原生态的破坏、土地资源的衰竭、环境的污染、人身的健康等诸多问题与快速发展经济的强烈愿望和迅猛势头相比，似乎可忽略不计，但是它的影响是渐进的、巨大的、深远的，有些资源一旦被破坏则永远无法弥补。矿产资源开发的工矿企业多为中央所属大型企业，资源税赋分配比例不合理，资源地税赋比重偏低，同时在安置当地牧民就业方面作用极其有限。

## 第二节　内蒙古自治区牧区民生发展的影响因素

### 一、富民发展水平的影响因素

1. “禁牧”政策的实施

“禁牧”是国家一项战略性政策，主要是为保护生态环境和恢复植被。但是“一刀切”式的禁牧使牧民由放牧生活直接转向“政府供养”生活的状态，牧民离开牧业生产后找不到经济收入来源，只能坐等政府补助，虽然政府不断转移劳动力，但是许多牧民宁愿领取政府禁牧补贴生活在牧区也不愿意出去工作。“禁牧”影响最大的就是牧民收入，许多牧民家庭只依靠国家禁牧补贴生活，国家补贴下降牧民家庭收入就会下降，国家补贴上升牧民家庭收入就会上升，牧民的收入直接决定于国家补贴的多少。这样既制约着牧民生活水平的提高，又滋生了牧民的懒惰情绪。[①] 牧民家庭之间拥有的牧场面积也不同，“双承包”遗留的历史原因使一些牧民家庭拥有一万亩以上的草场，但是一些家庭草场不足 3000 亩。这就使牧民收入由于“禁牧”补贴产生差异，而非正常生产劳动的结果。部分牧民家庭为了补贴家用，私下放养牲畜，与国家禁牧的目的相违背，牧民在享受国家政策照顾的同时也在违背政策的初始目的。

2. 牧区合作组织化发展不完善

合作组织是牧区经济发展的潜在推动力量，能够把牧民组织起来实现大规模生产，根据市场导向进行集体生产选择，增强抗市场风险能力，是牧民增收的有效途径。以赤峰市为例，农牧民专业合作社成员年均纯收入比一般农牧户高出 20% 以上。但是，现在牧区合作组织仍然存在发展不均衡，管理不规范，资金投入不足的问题，直接制约了牧民的经济收入，影响了牧区的富民发展水平。

---

① 叶佳桂．浅谈影响民生发展的体制问题［J］．中国集体经济，2011（10S）．

3. 牧区地区经济发展不均衡

地区经济发展水平差距明显。鄂尔多斯市乌审旗2013年GDP达到378亿元，乌兰察布市四子王旗2013年GDP仅有49亿元。牧民增收需要政府财政支持，如果地方经济发展迅速，财政收入在经济的带动下能够得到大幅度增长，从而有更多资金投入到牧民增收相关领域。乌审旗正是借助地方经济发展的强劲势头，加大对牧区和牧民的转移支付，帮助牧民实现增收。而四子王旗在地方经济水平的制约下，牧民从地方政府得到实惠较少，影响牧民增收速度。因此，地区经济发展不均衡间接地影响牧民增收。

4. 牧区产业结构失衡

地方经济粗放型增长方式和产业结构单一是牧区经济发展落后的根源。每个旗产业结构都存在第一产业发展缓慢，第二产业快速发展，第三产业滞后的问题。第一产业是积极转移劳动力的产业，是牧区产生就业问题的源头。第二产业快速发展本应起到吸纳高校毕业生就业和转移牧民就业的作用，但由于高校毕业生和转移牧民自身原因造成了“高不成低不就”的就业难题，而最适合牧区少数民族高校毕业生和转移牧民就业的第三产业发展却严重滞后于第二产业，从根本上制约了地方就业。因此，积极利用中央和自治区政策，转变经济增长方式，调整产业结构，从根本上解决就业难题，进而带动牧民的收入增长。

5. 牧区财政补贴政策差别化不足

牧区幅员辽阔，不同地区自然条件、人口结构和产业结构大不相同，而财政补贴却无差别化执行，这大大降低了政策效应。“一刀切”的执行方式，源于财政补贴政策没有考虑不同地区的实际情况，缺乏科学合理的前期调研，不了解牧区的真实需求，政府部门只抱着完成任务的敷衍态度来落实政策。

## 二、安民发展水平的影响因素

1. 牧区的就业形势严峻

牧区就业形势严峻主要体现在就业岗位少和胜任能力差这两个方面。

（1）牧区的就业岗位少。除了外来人员的就业岗位竞争，牧区的就业岗位主要面向当地少数民族大学生和转移的牧民，而牧区少数民族大学生与普通高校毕业生一样需面临市场竞争，除个别公务员岗位特别要求少数民族学生外，其他针对少数民族大学生就业的岗位较少。毕业后回家乡工作的少数民族学生还要面临外地大学生来本地就业的竞争，如地方公务员考试、事业单位考试、村干部考试等。阿鲁科尔沁旗一位政府官员反映，地方工作岗位被外地大学生占据的不少，地方政府辛辛苦苦培养的少数民族大学生回到家乡无用武之地。虽然部分考试对少数民族毕业生给予一定政策倾斜，但倾斜政策都是在与其他大学毕业生同等竞争的前提下，才给予降分或优先录取等优惠条件的，而少数民族大学生自身竞争能力差的因素也掩盖了特殊政策的倾向和优惠，导致实际中少数民族大学生优势并不明显，反而把少数民族大学生就业岗位少的问题凸显出来。而对于转移牧民的就业主要方向多为当地企业，且以制造和加工业为主。牧民就业直接与当地及外来务工人员一起竞争，自身能力的劣势使转移牧民就业较为困难。而服务业提供的多为脏、累、差且收入低的工作（如餐馆服务员、保洁员等），牧民不愿意从事相关工作。收入较高且稳定的工作技术要求高，多对工作经验方面有要求，牧民多年从事牧业劳动无法胜任。类似城镇公务人员、管理人员的工作岗位转移牧民更难以进入。旅游业是牧民愿意就业的渠道，但由于大部分地区旅游业发展规模小、水平低，对转移牧民吸收就业方面贡献也较低①。

（2）转移牧民岗位胜任能力差。牧民是一个特殊群体，转移牧民在转移之前多从事放牧等简单劳动，技术含量低，体力要求不高。转移后，城镇工作的要求比牧区牧业生产显著提高，素质要求也更加严格。牧民由于长期缺乏应用知识学习，学习能力和技能水平较差，对城镇工作岗位难以适应。加之牧民习惯自由散漫的生活，生活不规律，纪律性差，与现代企业管理格格不入，企业不愿招聘转移牧民作为其员工。另据某个企业反映，转移牧民随意性强，经常出现在与企业不事先沟通的情况下就主动离职的现象，极大影响企业人员的稳定，转移牧民离职率要远远高于其他人员。

2. 政府政策引导和资金支持力度小

牧区少数民族大学生和转移牧民作为两个特殊的就业群体，与其他就业群体有所区别，地方政府对少数民族学生就业难和转移移民就业难问题仅停留在认识的层面，没有实际行动去帮扶和支持，更没有专门的地方性政策去引导。牧区所

① 王娜．辽宁省民生发展水平的统计分析及综合评价［D］．辽宁大学硕士学位论文，2013.

在地区往往社会发展比较落后，社会和市场还没有能力去积极吸纳少数民族大学生和转移牧民就业，在缺乏政府政策引导的情况下，牧区少数民族大学生毕业后只能通过个人努力去争取工作机会，牧民只能通过市场引导寻找城镇工作，但效果都不理想。

3. 牧区的基础设施建设投资机制不健全

牧区基础设施建设的投入机制造成融资困难或产生了逆向效应，导致基础设施建设经费不足，或者基础设施投入不均衡。现有基础设施投入机制是政府、村集体、牧民共同分担，而且政府的补贴是基于村集体和牧民投入数量的后期资助。这种投入机制产生的结果就是有些地方村集体和牧民无投入，政府也就无补贴，基础设施无法提供；有些富裕地区村集体和牧民投入多的地方获得政府补贴的也多，产生逆向效应和基础设施分布的不均衡。

4. 公共服务和社会保障等民生发展水平与城市结构呈现相关性

内蒙古自治区大多数是中小城市，而且绝大多数的中小城市，特别是牧区的经济社会发展还比较落后。内蒙古自治区部分旗县牧区地域较大，牧民人口众多，牧区的城镇化相对于非牧区而言进程比较缓慢，第一产业比重过大，而第二产业、第三产业发展明显滞后，牧民收入增幅一直在低水平上徘徊。经济发展水平不高就使城市缺乏足够的资金用于改造人民生活，尤其在医疗和社会保障等方面体现更加明显。所以，我们在关注内蒙古自治区边境和呼和浩特两大经济带大城市的同时，在很大程度上，我们更要重视社会保障等安民领域。

## 三、怡民发展水平的影响因素

1. 发展、增收和保护缺乏系统平衡

我们经常讲，发展是硬道理，但这里说的发展一定是科学发展、可持续发展，包含了对生态环境保护①。而发展的最终目的就是实现人的全面发展，包含不断提高人们的物质文化生活水平，实现增收。就此而言，发展、增收、保护并不矛盾。但实践中这种“共赢”模式总难以实现。在处理经济发展、牧民增收与生态保护之间的矛盾问题上，体现的是“平衡”而绝非“取舍”。过去因发展

① 沈满洪，谢慧明．公共物品问题及其解决思路［J］．浙江大学学报，2009.

而忽视并带来了生态的破坏，今天我们要保护生态就弃发展、增收于不顾都是不对的。草原生态保护，由国家制定政策，地方政府落实，牧民是直接利害关系人。由于畜牧业生产经营方式还未根本转变，仍旧以粗放型、数量型为主导，现有禁牧、轮牧、休牧、草畜平衡等政策直接影响传统畜牧业发展和牧民增收，导致其对保护生态缺乏积极主动性。而市场上对草原牧区畜产品存在刚性需求，饲养需要增数而不是减数，以满足市场需求，实现增收。因此，如果草原生态保护忽视了畜牧业发展和牧民增收的刚性，不能给牧民带来实惠，就调动不了牧民的积极性，自然得不到牧民的支持，单一强调草原生态，也难以收到好的效果。这样的草原生态保护也只能是暂时的。同时地方资源开发、经济发展带来的效益，大部分上缴国家和自治区，地方可支配比例很小，人民群众得到的实惠较少。但地方在生态环境方面却付出了沉重代价。

2. “绿”、“GDP”和“利”博弈中难实现均衡共赢

在经济发展、牧民增收与生态保护之间的矛盾背后，体现的是不同利益主体之间的博弈。固然，实现生态保护、经济发展、牧民增收共赢是国家和地方政府、牧民共同期盼的。但不同利益主体有不同侧重，博弈在所难免。国家首要“绿”，兼考虑牧民的“利”，其次才是“GDP”，因此加大生态建设和保护投入，建立补奖机制。地方政府要“绿”，但更要“GDP”，不能因要“绿”而损失“GDP”。所以为了发展经济，努力跑项目引资金，甚至不惜以极为有限的水资源过度开采为代价。也正是由于水利建设投入大，收效甚微，才导致地方政府缺乏动力。牧民要“利”也要“绿”，但在眼前的、为己的“利”和长远的、为公的“绿”面前，他们更关注“利”的得失。

3. 民生定位存在偏差

为保护生态，先是“圈羊”舍饲，然后是“圈人”转移，草原上“牧民、牛羊已无处可寻，工厂、企业分布其中”，这就是我们发展中的草原吗？通过各种项目补贴花钱“养人”，认为如此就体现和保障了民生。虽然“移得出”实现了，但能否“稳得住”“富起来”还是个未知数。无事可做、无事能做解决不了“稳得住”的问题。因为对人不能像“牛羊圈养”一样养起来就没事了，人是要有事做的才行。各种补贴不能很好地解决牧民“富起来”的问题，“输血不造血”，这是不可持续的。目前国家和自治区对牧区扶持的名目虽然很多，如草场

围栏、生态补奖等，但项目衔接很困难，实施中不同地区的难度迥异。国家虽花了很多钱但成效甚微，地方政府寄希望“输血越多越好”，甚至造成“政策养懒人”的局面。不能把民生当作完成即时任务，花钱买安定。民生是长期的，尊重人，理解人，发展人才是根本。

4. 税赋分配比例不合理

发展中带来的效益，地市级政府可支配比例很小，人民群众也没有得到多少实惠，大部分效益都上缴了。如煤炭价格调节基金，自治区分成70%，盟市分成30%。电厂、煤矿增值税上缴中央75%，自治区6.25%，地方留18.75%。受此影响，地方政府为了在发展中获得更大效益，只能加大开发力度，做大蛋糕以求分得更多，甚至不惜破坏资源和生态环境、牺牲部分群众的利益。由于大型资源开发企业注册地多数不在资源产地，企业核算地享受了生产地的税收，但生产地却在生态环境、人文环境等方面付出沉重的代价，包括干部腐败问题。受地方和国家税收分配体制的影响，其没有体现出对资源地重点倾斜和补偿的原则，导致资源地资源税赋过低，从长远来看不利于对草原牧区资源的保护和利用。

## 第三节　内蒙古自治区牧区民生发展的制约因素

### 一、牧区民生发展的思想误区

1. 注重工业忽视农牧业

一个地区经济发展和民生发展要实现平稳较快增长，离不开工业现代化和农牧业现代化。虽然世界上多数发达国家的产业结构中工业产值比重增长和农牧业产值比重下降是其共同特征，但各国具体模式不一样。即便工业化程度高度发达的国家，若不能在农牧业和工业之间维持一种适当的平衡，则通常不能保持稳定的经济增长和民生发展。现代工业化国家的发展经验表明，在工业化深入发展的进程中注重同步推进农牧业现代化，整个国民经济和民生才会持续健康发展。

近年来，我国农牧业现代化扎实推进，用世界10%的耕地养活了世界20%

的人口，十几亿中国人解决温饱步入小康，取得了巨大成就。但也必须清醒地认识到，我国人多、地少、水缺，农牧业基础薄弱、农牧民收入不高、农牧区发展滞后的问题仍很突出。

当前我国农牧业发展相对缓慢，工农牧业发展不协调。新中国成立后，为了巩固新生的共和国，加速我国从农牧业国向工业国的转变，中国共产党采取重工业优先发展的战略，推行“以工补农”的政策，从20世纪50年代开始，中国政府就对工农牧业实行不同的经济政策，使资源配置向工业倾斜，这是中国在工业化初期不得不采取的措施。1954～1979年，国家通过“剪刀差”的方式获取资金达5100亿元。农牧民为我国经济现代化做出巨大的显性或隐性的贡献，而这种贡献是以农牧业滞后发展、农牧区建设困难及农牧民相对贫困为代价的。农牧业为工业提供了大量的原始积累，而农牧业自身因没有原始资本积累而无力改善其基础设施，而国家对农牧业索取甚多，致使农牧民靠天吃饭的落后状况没有得到根本改善。有统计资料表明，1953～1978年在国家基本建设投资构成中，农牧业的投资比重除三年调整时期达到26.2%外，其余几个五年计划时期都在14%～16%，而同期城市重工业的投资比重都在70%以上。这样就形成了农牧区经济实际在增长，但农牧民依然很贫困的局面。

农牧业发展滞后，既有历史的原因，也有后天制度安排的原因；既有人为因素的作用，也有自然灾害的影响；既有外来因素的冲击，也有本国内部自身的原因，究其实质是全球化开始后工业文明对农牧业文明的结果。我国正面临从中等收入国家向高收入国家迈进的严峻挑战，必须从战略全局重视和发展农牧业这一基础产业，推进工业化与农牧业化的协调发展。

2. 注重发展忽视生态

人类社会发展经历了原始文明、农业文明和工业文明三个阶段。三种文明形态之间虽然有着本质的区别，但也有其共同的特征，其中之一是无节制地索取生态资源，忽视生态保护，片面追求无限增长的物质需要的满足，工业革命以来的产业发展尤其如此。这种发展模式致使产业发展与生态环境保护之间产生不可调和的矛盾，引发愈演愈烈的生态危机。寻求生态环境保护与产业发展的“双赢”，成为当代社会发展亟待破解的难题。

近年来，一些地方为了发展经济，不注意资源保护、破坏生态环境的例子屡见不鲜，后果也非常严重。如内蒙古自治区和宁夏回族自治区分别在腾格里沙漠腹地建起了内蒙古腾格里工业园和宁夏中卫工业园区，引入了大量的化工企业，这些企业将未经处理的污水源源不断地排入沙漠，使园区周围数公里内都被一股浓烈的刺鼻气味笼罩着，同时它们还开采地下水用于生产，导致地下水水位大幅度下降。一旦地下水被污染，千百年来牧民们生存的栖息地不仅将失去，更重要的是，我国的第四大沙漠——腾格里沙漠独特的生态环境可能也将面临严重威胁，沙漠地下水一旦被污染，修复几乎是不可能的[①]。

一方面，由于历史和现实的诸多因素影响，导致西部地区经济发展基础薄弱，生产方式粗放，支撑西部地区经济发展的大都是能耗高、污染重、效益低，被纳入限制或淘汰之列的资源型产业。另一方面，国家出台的退耕还林等一系列生态环境保护政策，其侧重点在于解决西部地区的生态问题，对促进西部地区产业发展和当地居民收入增长的效果并不明显，这导致西部地区往往陷入生态环境保护与经济发展的两难境地。由于人们对生存环境和生态价值认识的不足，对环境和资源进行简单利用和掠夺性开发，使本来就很脆弱的环境变得更加恶劣，有限的资源变得越来越少。

在“一味求发展”的发力下，昔日的贫穷落后面貌焕然一新，但在道路越来越宽、高楼大厦越建越多的背后，绿色故土上的蓝天白云变得灰蒙蒙，清澈见底的河流变得浑浊不堪，清新怡人的空气变得难以呼吸……这样的以生态环境作为筹码的发展，得到的屈指可数，失去的无可限量。这般的“重发展轻生态”无异于“舍本逐末”。

推动一个地方经济的发展，本身是为了创造财富、积累财富，让广大的人民群众过上好日子，而要过上好日子金钱并不是唯一的，财富拥有的多少与幸福指数并无必然关系。好日子的标准应该包含物质、精神、生态、文化等多方面的综合评价，而不少官员则走入了误区，以发展经济作为唯一目标。之所以产生这种现象也不难理解，作为官员，谁不希望自己在任期内有所作为呢？而数字是最具有说服力的，其最直接的体现就在于 GDP。如此，“经济发展压倒一切”、千方百计求发展的现象也就不足为奇，有的地方官员患上了“项目饥渴症”，管它

① 陆华梁．公共政策视角下的内蒙古牧区可持续发展研究［D］．内蒙古大学硕士学位论文，2013.

“白马黑马”，来者不拒，任它影响身体健康破坏生态环境，只要能快速跑起来，跑出效益，那就是一匹好马。

如此“重发展轻生态”的发展观，有的是蛮干的力量，缺的是科学的智慧；有的是急功近利的思想，走的是短平快的粗放型发展路子，缺的是着眼长远利益的思考和维护生态环境的意识。表面上经济是发展了，但污染环境、破坏生态的代价比起经济的发展而言不值一提。如此的代价，岂不是“舍本逐末”？

3. 泛生态化倾向

作为一种新的生态观，泛生态指的是有造物、文化参与其中的生态，它是人与原生态（纯物）、造物、文化的共在。在这种泛生态里，造物必须在文化语境里得到阐释与解读。文化及其多样性对泛生态具有极其重要的指引与保障意义。在这里，广义的文化指人化，即人按照人的方式去改变万物，使之成为一种属人的、拟人的存在样式，而且万物以文化的样式存在于泛生态之中。

由于人们不可能完全回到作为纯物的原生态，所以，人与万物（包括纯物、人造物等）的共在就成为了生态美学应当充分考虑的重要问题。其实，生态不只是自然性的，它还与人的生存、生活密切相关。在本性上，生态的危机既是人生存的危机，也是文化的危机。因此，要克服生态的危机还得从文化入手，就生态而言，生态虽然并没有错，但仅仅这样做显然是不够的，因为人的生存、生活还涉及文化的问题。为此，我们提出了泛生态的观念，以之对传统的生态观进行扩充与发展。同时，还要求将生态的意识与观念运用到生活世界的一切领域。在泛生态里，纯物的文化让我们尊重纯物自身的原初状态，而人造物的文化，使我们把造物放在物的多样性上去理解。正是这样，一种文化可以让人把物作为物去对待，并使我们的生活有一种家园感。作为人的造物与生活场所、建筑在本性上应当成为天地人神的一种聚集。更为重要的是，在泛生态里，文化是协调与调和万物之关系的根本所在，它在维护自然、生态的多样性方面和抑制技术造物的泛滥与纯物的技术化方面，都有着重要的作用与意义。也就是说，文化深入地渗透在了泛生态之中，成为泛生态的一种根本性的特质。在泛生态里，当代生态美的生成问题，关联于物及其存在的多样性以及使这些物的多样性得以保存的文化基础。

应该注意，泛生态不是要把人的造物简单地看成是生态，而是要对造物给予生态化。在泛生态里，原生态是一种根本性存在，泛生态的生成既不同于人类中心主义，也有别于简单的生态中心主义。这里的文化不是外在于生态，它既是联结万物的纽带，也是生态不可或缺的重要特质，一切都是以文化的样式存在并相关联的。因此，重建一种泛生态的文化是极其重要的。这种泛生态的文化消解了环境、生存与文化之间的传统分割与隔阂，它把人们的生存、生活纳入了更为宽阔的视域。泛生态美的生成，不仅是生态和谐的实现，也是一种生态文化的生成。为此，就必须去反思与批判技术文化的不良后果。在本性上，泛生态是生成性的，它不仅让万物在其中生成，而且它自身还与生活、文化之间发生着相互生成。这种关切来源于泛生态的文化，也是泛生态美生成的根本性文化语境。

4. 注重城镇发展忽视牧区发展

城市与牧区的不平衡发展越来越严重，城市现代化进程势头高昂，牧区发展滞后，城市牧区差距明显在加大。目前城市与牧区的问题已经超出了一般性的“城牧差别”时期，而是“城牧游离”到了非常严重且愈演愈烈的地步，城市与牧区的加速游离，形成了两个几乎隔离的社会形态。

在1978年中国实行改革开放时，城市居民的收入已比牧民的收入高出2.5倍，到了20世纪80年代中期，由于推出一些旨在推动牧区发展的政策，让城牧之间的距离缩小到1.8倍。但从那以后，牧区被远远抛在后面，来自城市的竞争和管理及投资的不善，使中国乡镇企业在1990年开始走向衰落。

自1978年改革开放以来，城市经济进入发展巅峰，当时GDP保持9%的高速增长，为世界增长最快的国家。20世纪90年代末以来，随着中国加入世界贸易组织（WTO）前景的明朗化，国外公司在华投资进入大发展阶段，中国城市人口素质相对较高，基础设施较好、较完善，信息资源丰富。而信息产业在牧区的发展滞后，城市人口赖以生存的农牧产品也因国际市场价低质优，品种丰富，运价便宜而趋向于依赖进口，对农牧区的依赖程度有减弱趋势。25年的改革，前十年的发展是有目共睹的，农牧民是改革的最早受益者之一，但农牧区在20世纪90年代以后的发展就缓慢了，在有些地方几乎停滞了，甚至是倒退。即使在前10年的发展中，我们对农牧区问题的重视也不够，经济发展在很大程度上是依赖农牧民积极性的提高和农牧业生产效率的提高，但牧区基础设施却没有得到改善，是建立在20世纪80年代以前的农牧业设施基础上，只不过被充分利用了。农牧区存在农牧业设施、土地、农牧民的收入、农牧民的保障、农牧民看病难、没有地方看病、农牧区面临着清洁水资源的短缺和污染等一系列问题。在牧区，由于人口过剩，相对土地、水资源等自然资源短缺。与此同时，劳动力日益过剩与分散的经营形式导致农牧业机械化、科技化的步伐极其缓慢。由于地方政府在管理上的疏忽，计划生育政策得不到严格执行与农牧民落后的观念使农牧区人口还在毫无顾忌地增加。虽然有部分农牧民进城打工，但对庞大的农牧区过剩劳力而言只是杯水车薪，况且打工者都是一些出卖劳力的初级工，工资低，收入不多，如果有求医问药等事情发生，就所剩无几，最后用于教育投资的几乎为零。由于不断增加的人口消耗，在原有人口的基础上，教育投资尚且不够，更不用说对新增人口的投入了。因此，在农牧区目前形成了恶性循环：穷、落后—生孩子—更穷、更落后。

尽管农牧民大量转移就业，但其是社会结构的基础没有变；尽管农牧区生产生活条件不断改善，但其全面建成小康社会的短板没有变。没有农牧业的现代化，就没有农牧区的繁荣富裕，没有农牧民的安居乐业，国家现代化就是不完整、不全面、不稳固的。新中国成立以来，农牧民为建立国家工业体系、促进城市较快发展作出了巨大贡献。现在，工农产品价格“剪刀差”基本不存在了，但城牧要素交换“剪刀差”仍然存在，农牧区土地、资金和劳动力等资源大量流向城市。我国城镇化正在快速推进，但仍有6.8亿农牧区常住人口和2.7亿农牧民工，农牧民还是最大的社会群体。即使今后城镇化率达到70%，也还有4亿多人口生活在农牧区。落实党全心全意为人民服务的根本宗旨，绝不能忘记农牧民，必须实现好、维护好、发展好广大农牧民的根本利益，千方百计让广大农牧民过上富裕幸福的日子。

实现全面小康最艰巨最繁重的任务在农牧区，重点难点在农牧民，特别是在贫困地区的农牧民。全国有7000多万农牧区贫困人口，还有大量徘徊在贫困线边缘的低收入人口。这是“十三五”时期最难啃的硬骨头，直接关系我们的小康是全面的小康还是片面的小康，是高质量的小康还是低水平的小康，是实现共同富裕的小康还是用平均数掩盖大多数的小康。“十三五”时期要把增加农牧民收入作为“三农”工作的核心任务，把扶贫开发作为国家重大战略，大力推动政策、项目、资金、公共服务向农牧区倾斜、向贫困地区倾斜，确保广大农牧民与全国人民同步实现全面小康。

## 二、牧区民生发展的制度缺陷

### 1. 城乡二元治理结构

城乡二元分割的管理制度形成以后，城市和乡村被严格地分割开来。农业户口和非农业户口又被以行政区为基础的行政权力分为不同的地域，也就是说不仅禁止农民在城乡之间进行流动，也禁止其在不同地区的农村之间流动。改革开放后，这种城乡分割的二元体制随着经济的发展和社会环境的变化有所变迁，但是由于路径依赖的效应，其根本特点至今仍未发生改变。路径依赖意味着历史非常重要，对旧有制度渐进的变革决定了制度变迁的方向，“三农”问题仍然被锁定在服从国家工业化和从属城市发展的目标之下。由于制度间相互依存的复杂性与现实世界的多样性，全面分析城乡二元结构问题的演变与存续，是异常困难的，但如果把研究的重点放在现实的制度结构上，则有助于把握与透析城乡二元结构问题的现状。制度结构，即制度安排，是管束特定行动模型和关系的一套行为规则，它是人类社会选择的产物，又反过来决定着人们的行为方式，制度安排所决定的正式规则与非正式规则是经济社会运行的核心问题。经过 30 多年的改革开放，新中国成立初期形成的城乡严格分离的二元体制，已经发生了很大的改变，所以，很有必要对其进行详细的梳理，以期有助于正确地把握城乡二元结构问题，为公共行政的实践提供相对“真实”的理论。

（1）公共服务的二元供给。在社会管理体制方面，城乡二元结构问题首先体现在公共服务的二元供给方面。由于农村居民生活的分散性和农业生产的特点，许多公共物品的提供很难像城市一样产生规模效益，加上新中国成立初期，为优先发展重工业所确立的以城市为主导的模式，使农村公共物品的供给与城市公共物品的供给呈现出强烈的二元性。城市居民享有住房供给、社会保障、教育等一系列特权性的公共服务。改革开放后，这一利益割据并未发生基本的改变，加上“棘轮效应”的影响，这一问题变得越发严重。事实上，在旧有的人民公社体制下，经济体制为高度集权的计划管理体制，农业和农村的经济活动是根据自上而下的经济发展计划进行安排的，农村的许多公共物品基本是由政府来提供的，农民并不是直接的公共物品需求者。不难看出，人民公社建立的公共物品供给部门在组织上是基本健全的，功能上是基本完善的，为推动农业经济的发展，满足农民的物质文化需要，稳定农村的社会福利事业，起到了至关重要的作用。当时农村的公共服务虽然落后于城市的社会服务，但是，仍然具有基本的社会功能。改革开放后，农村实行联产承包责任制，极大地释放了潜在的经济活力，然而所谓的“双重经营”实质是农民的“独自经营”，由于改革政策设计的局限性，农村的公共服务演变为农民的自主提供，在人民公社体制下许多由基层政府提供的公共服务日渐退化，农民和农业生产所需要的各项公共服务由农民来负担，这就强化了公共服务的城乡二元供给体制。这种公共服务的城乡二元供给体制，不仅加重了农民的负担，而且，由于由农民自身提供公共服务的质量较为低劣，制约了农村社会再生产能力的提高。

（2）二元的土地管理制度。我国的土地管理制度具有严格的二元性特征。土地管理制度的二元性主要体现在城市土地属于国家所有，农村土地属于农村集体所有。由于城市的土地可以在国家所有的前提下，实行土地的转让和流动，因而，具有很强的资产价值；而农村土地实行集体所有制，由于现行的集体产权制度，并未指明土地的集体所有制归属，从最根本意义上讲，土地的所有权仍然属于国家所有，这就造成了农民土地权利的残缺。虽然国家出台许多政策鼓励在实行家庭联产承包责任制的条件下土地的流转，但是，在土地权利归属不明确的前提下，农村的土地流转并未发生很大的改观。这种土地所有权的缺乏导致其几乎没有转让的空间，大大制约了土地资产的价值，使农业生产活动难以取得基本的规模效益。更主要的是，这种土地管理制度，是除户籍管理制度外，束缚农民的另外一种枷锁，土地不能进行有序的转让，农民就难以与土地脱离关系。在现阶段，土地仍然是中国农民的主要生产要素，也是农民最基本的生活保障。土地的两重性，决定了承包制是中国农村的基本制度。目前，应该探索在土地归国家所有的前提下的产权机制，使土地能够进行有序的流通。

2. *户籍制度*

1958 年国家颁布的《中华人民共和国户口登记管理条例》，把户口分为农业户口和非农业户口两种制度形式，并通过一系列的具体管理制度把农民封锁在土地上。改革开放后，虽然农民可以在城市进行就业，但是这一基本管理制度并未发生实质性的改变，进入城市的农民由于户籍制度的限制，不可能获得城市居民所具有的各项社会福利，而且生活在城市中的“农民”还要付出额外的成本用于儿女的教育与自己生存权的保障。事实上，进行户籍制度改革的困难并不在于户口制度本身，而在于附加在这种身份上的各种社会福利。可以说，户籍制度存在的必要性在于用户籍来剥夺农民获得城市居民社会福利的权利，所以，进行户籍制度改革，从最根本上来讲，不是单纯的技术性问题，而是一种利益的调整，涉及城市居民的利益。这种相互分割的户籍管理体制在成立之初的合法性是基于国家实现赶超战略的需要，属于一个历史性的问题，我们姑且不论这种经济发展战略的正确性与合法性，仅对历史发展到今天，国家的赶超战略目标已经基本实现来论，也就是说，这种分割的城乡二元户籍制度的合法性基础已经不复存在，所以现行的户籍管理制度必须进行改革。由于进行户籍制度改革涉及巨大的利益刚性，所以应该渐进推行，以维护良好的社会秩序。但是，渐进不等于不进，缓行不等于不行，不能以技术上处理的困难作为维护不合理管理制度的借口。

中国户籍制度问题的本质在于其背后附加了许多行政的、经济的、福利的功能，人为地造成了城乡和区域间的差异和不平等，其弊端一是妨碍了人力资源在全社会的优化配置，不利于形成全国统一的劳动力市场环境；二是阻碍了城市化、现代化进程，导致城镇化程度远低于同期工业化速度；三是导致公民待遇的不公平，影响了进城务工的流动人口向市民转变的进程；四是影响了公平心理认同和社会和谐稳定，提高了社会治理成本。

3. 财政制度

近几年，国家不断加大对民生领域的投入力度，已经取得较好成果。但由于当前公共财政体系不健全，存在一些制度性缺陷，这在一定程度上影响了其在民生领域更好地发挥作用。

（1）财政支出结构不合理，民生需求与财政投入差距大。近些年，虽然公共财政加大了对民生领域的投入力度，但是，总体而言，支出力度不够，其突出表现：一是财政支出结构不合理，投入民生领域的比重较低。对公共财政进行评价的一个重要指标就是财政在民生领域的支出力度。2003 年以来，我国对民生领域的财政支出比例有较大提高，有 30% 左右。以社会保障投入为例，在西欧、北欧这些高福利国家，财政收入的 45% 以上是用在社会保障方面的，即便讲求效率的美国，其财政也有 1/3 以上用于社会保障。在英国，社会保障支出占政府支出总额的比重：1982 年为 53.5%，1989 年为 52.93%，1993 年达 65.5%。我国的投入大概占国家财政的 12% 左右。与社会保障投入偏少相对应的是国内社保基金的巨额缺口，近十多年来，财政支出最大的两部分依然是“经济建设”和“政府行政管理费用”。二是财政投入与民生需求差距大。以社会保障制度为例，当前我国社会保障体系还不完善，较低的覆盖范围与庞大的人口保障需求有较大缺口，低覆盖率远不能满足民生需求。在我国 4 亿城镇人口中，已经享受养老保障的仅有 1.75 亿左右，享受医疗保障的仅有 1.4 亿，享受失业保障的仅有 1 亿，主要参加社会保障的城镇人口覆盖率都在 25% ~45%。农村人口的社会保障覆盖率就更低，在 9.4 亿农村人口中，仅有 5000 万人享受养老保险。我国要在 2020 年建成基本覆盖城乡的社会保障体制，财政支出缺口较大，必须要有飞跃式增长，才可能实现目标。

（2）省级以下财政管理体制不完善，旗县基层政府民生保障能力弱。中央与地方政府之间事权与支出责任划分不清，尤其是旗县财政事权大于财权问题。一方面，由于农业税的取消、主要工商税种超收部分按照一定比例上划等政策的实施，使原本就税源稀少、税种零星分散的旗县财政更加日趋紧张；另一方面，由于政策规定农业、科技、教育等方面的支出增加要高于同期财政增长比例，再加上庞大的行政人员开支，使旗县财政支出压力有增无减。旗县财政事权大而财权小、支出增加而收入减少，使旗县政府在履行职能、保障民生方面显得心有余而力不足。

（3）财政资源配置不均，民生支出公平性有待提高。财政资源配置不均是我国社会存在的普遍现象，以教育资源为例，教育条件的差异和资源配置的不公主要表现为区域之间、城乡之间、学校之间和学生群体之间的教育发展不公平、不均衡。特别是农村和城市教育差别相对较大，东部、中部、西部教育资源差距明显。在卫生资源配置方面，包括医院和医务人才等医疗卫生资源的 80% 集中在大城市，而 80% 的患者却集中在农村地区。能否公平地分享公共资源，决定着人们能否在尽可能大的程度上享有公平竞争的机会。财政资源配置不均、民生支出不公所带来的直接后果是损害了社会弱势群体的基本社会利益，有碍社会的公正和谐。因此，合理配置财政资源，统筹城乡发展，缩小城乡民生服务供给之间的过大差距，应是改革的重中之重。

4. 公共物品供给制度

（1）政府治理结构。我国现行的乡村治理模式是以旗县政府、村民委员会、村民小组以及民主选举等构成的治理结构，其基本特征有以下几点：

1）牧区开始呈现多元化治理主体的格局。牧区治理主体不再仅限于政府（主要是旗县政府），村民自治组织（村民委员会）、村民小组在乡村治理中也发挥着重要作用。此外，村民自发形成的民间组织，如牧区经济组织、“牧民协会”以及牧民个体等也在乡村治理中承担重要角色。

2）牧区基层政府（或者旗县政府）逐渐从农村集体经济中退出，演变为一种完全的行政组织。

3）牧区基层政府存在“双重”的委托—代理关系。对旗县政府而言，其治理的合法性来自上级政府的授权，从而与上级政府构成第一层次的委托—代理关系；另外，各级政府是牧民的代理人，牧民与旗县政府之间构成第二层次的委托—代理关系。

4）中央、地方以及旗县基层政府之间形成一种压力型行政体制。压力型行政体制是指一级政治组织为了实现经济赶超，完成上级下达的各项指标而采取的数量化任务分解的管理方式和物质化的评价体系。虽然我国在中央政府与地方政府之间在财政和职能上推行集权制与分权制相结合的方式，但是这种压力型行政体制事实上造成我国政治体制并没有完全摆脱集权制的权力构架。中央政府仍然是单一的终极权力中心，地方政府、旗县政府和自治组织只不过是压力型行政体制链条中的一个环节。

（2）公共物品供给制度存在的问题。从当前我国牧区治理特征分析，牧区公共物品供给制度存在以下几点突出的问题：

1）“自上而下”决策体制忽视了牧民的真实需求，影响公共物品供给的参与性、透明性、责任性以及回应性。这是因为，牧区治理模式存在的“双重”委托—代理关系，体现在牧区公共物品供给中旗县政府就是牧区公共物品供给或者生产的代理人，牧民就是公共物品生产成本的承担者和需求主体。尽管牧民是各级政府的委托人，但是由于委托人本身的弱势地位，与分散小股东在公司治理的影响相类似，虽然人数众多，但因居住分散且缺乏组织性以及信息不对称性等原因，很难监督和约束基层政府的行为。一方面，基层政府提供什么公共物品，提供多少，通过什么渠道提供，都是政府一厢情愿的事情，而需求主体（牧民）成了局外人；另一方面，在压力型行政体制下，上级行政机关制定各种经济指标和社会发展任务，用行政命令的手段由上而下、层层分解，并且把这些指标和任务的完成情况作为评价、考核下级行政官员的标准。在这种行政体制下，作为代理人的基层政府只会对上级政府负责。因而，“自上而下”决策体制导致的公共物品供给只能是政府偏好的反映，其突出表现为政府热衷于供给见效快、易显政绩的短期公共物品，不愿提供见效慢，具有战略性的公共物品；热衷于提供看得见的“硬”公共物品，不愿提供农业科技、农业信息服务等“软”公共物品。

2）决策机制中的个别领导独断专行、监督缺失影响了公共物品供给的有效性和廉洁性。我国基层政府仍然是党组织的绝对一元领导体制，即“党政合一”。党委主要负责人不仅在政治过程中享有最高领导权，同时在行政过程中也享有最高决策权。乡镇政府的决策体制是以党委书记为中心，乡镇长一般以党委副书记身份参与党委的决策，其他人员根据是否进入党委以及地位的高低排序而参与部分决策。《中华人民共和国宪法》规定，作为乡镇最高权力机关的乡镇人民代表大会在决策体制中被边缘化，由此造成农村社区权力高度集中在政府手中，政府的权力又过分集中于党的机构，并表现在“一人化”上，失去了应有的约束和制衡机制，造成了政企不分、政事不分和政社不分等特点，导致了部分农村社区党委书记独断专行、政府机构膨胀以及政府官员腐败。2004 年中国乡镇发展报告指出，我国 1020 个有代表性的乡镇，平均每个乡镇党政内部设机构 16 个，人员平均为 58 人，超过正常编制的 2～3 倍。乡镇政府机构臃肿、办事程序复杂、人浮于事、运行效率低下，具体反映在乡镇财政上就是“吃饭财政”，而体现在乡村公共物品供给上就是缺乏效率。

3）政府职责划分模糊，影响了公共物品供给的法治性。在农村的公共物品供给中，中央政府、地方政府以及旗县政府与村民委员会之间存在严重的职责不清、分工不明、供给混乱等问题。地方各级人民代表大会和组织法规定，地方各级政府的职能“执行国民经济和社会发展计划、预算，管理本行政区域内的经济、教育、科学、文化、卫生、体育事业、环境和资源保护、城乡建设事业和财政、民政、公安、民族事务、司法行政、监察、计划生育等行政工作”。但实际上，这些规定比较模糊，缺乏针对性和具体性。由此也带来各级政府在农村公共物品供给中相互推诿、越位、错位等现象的发生。比如，农村义务教育、民兵训练、计划生育等应属于中央政府提供，但中央政府强制性下派给地方政府，而地方政府则下派到乡镇政府，甚至村民委员会，最终由农民承担。各级政府之间在农村公共物品供给中，职责不清、分工不明一方面造成了由于上级政府的缺位，使乡镇政府承担了与其财力极不相称的职责，支出负担沉重；另一方面政府职能宽泛，带来了政府机构设置过多、机构臃肿的问题，严重影响了公共物品供给的效率性和法治性。

## 三、牧区民生发展运行机制的困境

1. 参与主体单一

政府在社会政策运行过程中的定位，直接决定了社会政策的制定过程、服务方式和服务水平。在我国，政府担任了社会政策体系的总设计师，其主导了政策制定和执行的各个环节，同样内蒙古自治区政府也不例外。内蒙古自治区政府占主导地位固然有其必然性和特殊优势，但与此同时也有妨碍社会政策体系良性发展之虞，造成政策决策与执行过程中参与主体的单一。在公共政策研究领域，通常将参与主体划分为官方决策者与非官方参与者两大类别，非官方参与者包括利益集团、政党、公民个人、大众传媒、思想库等，这些参与主体因制度设计的不同，其对政策制定与执行产生的作用和影响也不尽相同。我国社会政策制度体系设计中过度强调政府的主导地位而相对忽视了其他主体作用的发挥，没有为大众传媒、思想库等社会组织在政策制定与执行过程中发挥提议、协助、监督作用中提供良好的平台，容易导致“政府失灵”的情况发生。再者，政府在社会政策体系中采取大包大揽的做法，忽视对民间力量的培育，容易带来各类社会组织发育不充分、无法委以重任的问题，同时这种制度运行程序没有为各类社会组织参与服务提供畅通、稳定的渠道，既造成了社会资源的闲置浪费，又加重了政府的压力。

2. 参与渠道不顺畅

内蒙古自治区各个牧区的旗县在决策过程中往往过于强调集中，一些社会政策的制定被当地政府机构看作是自己的分内之事，不重视当地社会团体与牧民的参与，从而导致民主参与流于形式、难以落实。牧民参与政府决策的渠道并不太顺畅，主要由于一方面各类座谈会、听证会的参与人员的选择主体为政府主管部门，因而参与人员的代表性难免受到质疑；另一方面座谈会、听证会的参与人员多为政治、经济、知识界精英，其观点和意见难免受其群体利益与社会身份的影响，而普通百姓却很难有机会参与到政策制定的过程之中。归根结底，深层次的原因就是在当前的制度框架中，缺乏对公众参与实质权利的保护，使公众的话语权欠缺实质性保障，造成社会政策体系中公众影响力减弱，导致社会政策的公正性无法保证。为此2004年国务院发布的《全面推进依法行政实施纲要》中规定“公众参与、专家论证、政府决定”的行政决策机制，并明确要求全国或者地区经济社会发展的重大决策事项以及专业性较强的决策事项，应当事先组织专家进行必要性和可行性论证，社会涉及面广、与人民群众利益密切相关的决策事项，应当向社会公布，或者通过举行座谈会、论证会等形式广泛听取意见。虽然纲要强调了社会政策制定参与主体的多样性，但是当前的民主参与制度在设计上存在缺陷。

3. 社会政策的输送渠道较为单一

内蒙古自治区各牧区政府的行政模式一直未曾摆脱计划经济时代政府大包大揽的做法，在社会政策领域，一直实行“撒手不管”的做法，这一做法最大的危害是政策在实施过程中缺少主体，易造成政策上的混乱以及令出多门的现象，从而间接影响牧民的社会福利指数。众所周知，社会福利可分为货币福利、实物福利和服务福利三种类型。从操作层面看，政府在货币福利和实物福利的提供上比较得心应手，因为资金或物质支持的方式比较直接，运作相对简单。服务福利的提供较前两者则复杂得多，政府需要在组织和管理上投入大量的人力和物力。自20世纪90年代起，政府作为社会福利的提供主体开始加大社会政策建设力度，并不断增加社会福利支出。进入21世纪之后，我国政府虽然也开始注重“公”“民”合作来为广大人民群众提供更加优质、高效的社会福利，但是民间力量发育速度缓慢，民间组织发育也不完善，参与福利提供的能力还相对欠缺。近几年，我国政府积极探索借助商业组织、非营利组织或社区为服务对象提供社会服务的途径，但是如何推动社会福利提供主体的多元化，为服务对象提供更加全面、便捷、灵活、高质量的社会服务，仍是社会政策运行机制建设需要面对的问题之一。

# 第四章

# 对内蒙古自治区牧区民生发展的政策建议

## 第一节　对解决经济领域存在问题的对策建议

### 一、增加牧民收入需加大政策扶持力度

影响农牧民收入的因素很多，有直接原因，也有深层次的原因。因此要提高内蒙古自治区农牧民的收入，就不仅是农牧业、农牧区内部的事情，而要根据全国的形势，结合内蒙古自治区的特点，采取切实可行的措施，做好农牧民增收工作。

1. 推进农牧区经济结构调整，发展多种特色产业

休闲牧业作为牧区新型的延伸产业，具有良好的发展前景，牧区应该抓住机会，在产业尚未完全成熟之前就大力布局休闲牧业，取得进入先机。部分地区已经具有了发展休闲牧业的天然优势和广阔空间。牧区可以利用牧场、林地、苗圃等自然风光开发观光旅游项目，在牧区兴办"牧人之家"、牧家乐，让游客体验民族风情，以此吸引更多的人来观光旅游。可以在城镇、旅游景点周边发展相对集中的牧家乐，扩展牧业经营内容，增加牧民收入。

（1）推动农牧业产业化经营，大力发展龙头企业。产业化经营是我国乃至内蒙古自治区牧区农牧业发展的方向。农牧业产业化要求把农牧业生产的产前、产中、产后诸环节联结整合为一个完整的产业系统，实现种养殖、产供销、贸工农一体化经营，使农牧业走上自我发展、自我积累、自我调节的良性发展轨道，实现农牧业的高产、优质和高效目标。内蒙古自治区牧区在这方面已有相当成功的经验，如在养殖业方面，规模经营的优势开始凸显，如由“伊利”“蒙牛”带动的奶牛业、“赛飞亚”带动的养鸭业、“小肥羊”带动的养羊业、草原兴发集团带动的养鸡业等。归纳起来，要实现农牧业产业化至少要在以下三方面有所作为：

1）建立具有一定规模、富有创新力的龙头企业。建立一个龙头企业，至少应该具备以下几个条件：一是要有一批勇于开拓、敢于创新、思想解放、与时俱进的开明企业家；二是坚持以科技为先导，采取切实措施，增加科技投入；三是按照现代企业制度的要求建立和管理企业；四是实施名牌战略，提高市场占有率。

2）建立具有一定规模的农牧产品生产基地。“龙头企业 + 农牧户 + 生产基地”是农牧业产业化经营的一个典型模式。“巧妇难为无米之炊”，没有生产基地，龙头企业就没有可供加工的原材料；建立生产基地，也有利于保证原材料的品质和稳定供应，所以龙头企业的发展必须和一定规模的生产基地相联系。

3）充分发挥政府在农牧业产业化中的主导作用。各级政府要充分认识农牧业产业化的重要性，为农牧业产业化发展创造优良的环境，要采取切实措施，积极扶持、引导协调，使农牧业产业化走上良好的发展轨道。

（2）优化农牧产品品种和品质结构，深化农牧产品流通体制改革。通过前面的分析可知，近年来内蒙古自治区农牧民收入结构的特点是第一产业仍为主体，约占 80% 以上。因此，稳定第一产业是今后一个时期增加内蒙古自治区农牧民收入不可忽视的问题。具体做法有以下几点：

1）保护耕地。政府要花大气力保护耕地，确保内蒙古自治区的粮食播种面积稳定在 8000 万亩左右，在现有耕作技术条件下这一种植规模可以确保内蒙古自治区牧区粮食总产量在 150 亿公斤以上。

2）保质保量。继续增加科技投入提高粮食单产量和牧业产品的品质。因为在很多地方为了保护环境已经逐步实行了牲畜的“圈养”，据调查，这种方式导致有些牲畜肉质下降，甚至出现了大批死亡现象。科研部门应针对新情况，加强研究，在提高牧业产品品质上下功夫。

3）调整和优化种植结构，提高农产品品质。市场上出现的农产品“卖难”的主要原因是供给结构与需求结构不相适应。随着人民生活质量的提高，人们不再满足于吃饱，还要求食品的口味好、营养价值高，更重要的是要保证食品的安全、健康。这就要求我们对农产品种植结构做出相应的调整，即大力发展优质高效农业、发展无公害的绿色食品，特别是内蒙古自治区位于中西部的地区，污染少，生态环境优良，适合发展绿色食品产业。实践证明，优质农产品在市场上，比较容易出售，且价格也高，有利于农民增收。我们还要根据各盟市旗县的实际情况，发展特色农业。俗话说，“靠山吃山，靠水吃水”，说的就是这个道理。

*2. 加大政策扶持力度，打好扶贫攻坚战*

（1）完善体系建设，加快扶贫开发。内蒙古自治区贫困地区多集中于自然条件十分恶劣的区域，交通、通信不便，甚至连最基本的饮水都成问题，人口素质也普遍较差。因此，今后扶贫开发的重点是帮助贫困地区发展科技教育事业，提高人口素质，加强水利、电力、交通、医疗等基础设施的建设，改变贫困地区生态环境和生产环境。再辅之以政策扶贫、资金扶贫、结对扶贫、移民扶贫等方式，具体办法有以下几点：

1）完善市场机制。加快市场体系的建设，引导贫困地区走产业化发展道路，解决小生产和大市场的矛盾，要特别注意初级市场的开发。

2）加快技术体系建设。首先，要帮助贫困地区培养一批基层技术人员。其次，选择适合贫困地区的技术，使农牧户能够直接受益。最后，建立农牧户间的技术组织。

3）加快信息服务体系的建设。新经济时代，信息已成为和资金、技术同等重要的发展要素，而制约贫困地区经济发展的主要因素就是信息不灵。因此，贫困地区的信息服务要从基础做起，满足贫困农牧户对公共信息的需求，促进贫困地区的发展。

（2）深化农牧区的投融资体制改革。从前面的论述中我们知道，政府对农牧区投入资金少于从农牧区抽走的税收，农牧区金融机构也偏重于城镇，致使农牧业发展资金不足，影响农牧民收入的增加，我们必须改革农牧区投融资体制，为农牧业的发展提供资金支持。具体手段：①实行稳定增长的财政支农政策。②发挥农牧区信用社与农牧区金融机构的作用，为农牧区经济的发展提供信贷支持。③加快小额贷款的推广。

（3）加大牧区金融支持力度。内蒙古自治区牧区经济社会发展的新变化、新特点，对金融需求带来了新影响，产生了新变化。其主要体现在以下两点：①资金需求规模不断扩大。牧区经济产业不断升级，结构不断调整，由粗放型向规模化、专业化、集约化方向发展，需要更大规模的资金支持。②贷款期限需求中长期化。畜牧业产业化资金使用周期变长，要确保资金的需求得到满足。产业链条的延长使资金需求从生产环节延伸到产、供、销等多个环节，如果一旦其中某个环节缺乏相关配套资金的支持，生产经营的循环就会受到影响。要应对牧区金融形势的新变化，增加牧区信贷资金总量，稳步推进牧区信贷利率市场化，大力发展畜牧业保险，解决牧民贷款融资数额小、期限短的难题，支持牧民畜牧业扩大再生产。具体措施主要有以下几点：

1）要进一步加强商业银行对牧区经济社会发展的信贷服务。各金融机构要加强为牧区经济社会发展服务的内部组织体系和信贷工作机制的建立，改进和创新服务方式。商业银行等中小金融机构和担保机构，可以对牧民开展转贷款、担保贷款等业务，积极和各盟市、旗县（市、区）进行合作，共同搭建面向牧民的借款平台和担保平台，为其提供有效的金融产品与服务。积极发展牧民合作社。合作社是牧民组织化的有效载体，是市场条件下传统牧业向现代牧业转变的必由之路。地方政府应该整合社会资源和力量引导和扶持合作社的发展，把发展合作社作为一项战略性举措来抓，注重发挥各地政府组织、规划、协调、督导等职能和各级涉牧职能部门的作用，围绕发展设立引导服务、培训教育，提高水平，整合资源大力扶持合作社的工作，规范监管使其良性运行等，对合作社发展提供综合服务，加强对牧民的引导。同时，横向整合各职能部门的资金渠道，搭建合作社项目资金平台，统一协调，捆绑使用。分层次、分批次扶持合作社发展，适当设立市级和县级财政专项奖励扶持资金，引导牧民合作社健康发展。

2）提供多样化金融产品和全方位金融服务。商业银行要在业务、产品、机制和模式等方面不断创新，积极、快速地引进新出现的各类金融产品，有针对性地开展服务，在符合风险偏好和业务策略的基础上更好地满足牧区各类客户群的需求。关注牧区经济发展的全过程，为企业和牧民提供独具特色的专业化服务，与他们共同成长，根据不同客户类型打造精细化服务方案，为战略伙伴提供投融资全方位、多样化的一站式服务。目前，内蒙古自治区的一些商业银行已经探索出了一些卓有成效的做法，筛选内蒙古自治区畜牧业产业龙头企业，利用“圈、链”模式进行营销拓展。围绕重点龙头企业、产业链和商圈，为各类企业和牧民提供全方位金融服务支持。

3）推进金融机构的网点布局，提高其在牧区的覆盖度。目前，牧区经济发展中金融服务主体多数地区是农村信用社一家独大，内因和外因造成农村信用社支牧作用受到很大制约。要加快旗县金融机构的恢复和建设步伐，加强基层中小企业金融服务力量。21 世纪初，由于内蒙古自治区县域经济发展缓慢，商业银行在县域的分支机构普遍亏损，在全国性金融机构布局调整的情况下，除中国农业银行基本保留，工商银行部分保留外，其他商业银行的县域分支机构大部分被撤销。虽然有关商业银行恢复了一些旗县分支机构，但步伐较慢。据调查，目前内蒙古自治区牧区商业银行县域（不含城区）分支机构覆盖面工商银行为 63 个旗县、中国银行为 18 个旗县、建设银行为 33 个旗县、交通银行为 2 个旗县，分别占内蒙古自治区牧区旗县（不含城区）的 78.7%、22.5%、41.3%、0.3%。经过近十几年的快速发展，内蒙古县域经济实力普遍增强，一方面具备了涵养金融机构的能力，另一方面对金融服务提出了新的更高、更迫切的要求。

因此，恢复商业银行县级分支机构应引起各级党委、政府的高度重视。要采取切实有效的措施，支持商业银行在具备条件的旗县（市区）恢复分支机构，鼓励驻区金融机构在盟市、旗县设立分支机构。进一步健全县域金融服务体系，提高金融机构在县域的覆盖度。支持中国农业银行等国有商业银行、邮政储蓄银行、农村信用社拓展服务领域，特别是在嘎查（乡镇）设立更多的金融网点，形成覆盖面更广、功能更健全、分工更合理的县域金融服务体系。鼓励支持引导内蒙古自治区地方性商业银行向旗县延伸服务网络，增强对县域经济的服务能力。加快村镇银行、贷款公司和资金互助社等新型机构的组建步伐，使其成为县域金融体系的重要组成部分，形成多种金融机构并存、竞争、共同支持“三农”“三牧”的局面。

3. 提高农牧民素质，实施科教兴农

农牧民素质主要指农牧民的智力素质，包括文化素质、科技素质和经营管理素质。农牧民素质的高低，同其个人收入的高低具有很大的关联性。低素质的农牧民，延缓了农牧业科技进步的进程，很难对瞬息万变的市场做出准确的判断，也不易根据市场的要求，决定种什么，养什么，以获得更多的利润，在现代市场中，牧民完全处于弱势地位，因而直接影响其经济收入。农牧民的素质对其经济收入的增长所起的作用尽管是间接的，但却是有力的。正如邓小平同志指出："发展农业，一靠科技，二靠教育。"提高农牧民素质的方法，第一，积极开展农牧区的成人培训。第二，完善农牧区义务教育制度。第三，加强对农牧区青年的创业教育。

4. 采取切实有效的措施减轻农牧民负担

（1）减轻农牧民负担。在总体收入水平一定的条件下，减负即是增收。从近几年农牧民负担情况来看，真正由国家物价、财政部门批准的税费负担并不很重，而且从 2006 年起，农业税已经全部减免。实际上农牧民难以承受的负担往往是一些乱收费、乱集资、乱摊派的费用。根据内蒙古自治区的实际情况，减轻农牧民负担的方法，一是继续贯彻执行中央减轻农牧民负担的各项政策。二是加大农牧区"三乱"治理力度，坚决杜绝乱集资、乱摊派和乱罚款。三是下大气力转变乡镇政府职能，精简机构和人员。要改变现有的人事制度，让素质高、能力强、真正能带领农牧民致富奔小康的专业技术人员走上管理、领导岗位，对那些不思进取、腐化堕落的基层干部要坚决清退，触犯刑律的应予以严惩。四是要特别注意减轻农牧民的教育、医疗负担（但现在看比较难）。据笔者的调查，现在农牧民有两"怕"：一"怕"家人生病（更怕生大病），二"怕"孩子上大学。因为农牧民的收入维持基本的生活尚可，但要支付高昂的医疗费、高校学费就比较困难了。据调查，按照每名大学生每年平均支出 7000 元计算，一个本科生 4 年最少花费 2. 8 万元，相当于一个贫困县农民 35 年的纯收入。为此，应该对低收入的农牧民制定相应的减免或优惠政策，且必须由政府来制定，依靠医院或学校单方面来解决几乎是不可能的。

（2）推进城镇化发展。随着经济市场化大潮的到来，内蒙古自治区牧区城镇化进程异常迅速，然而在迅猛发展的城镇化进程中也存在不少隐忧。社会学家费孝通指出，拉动地区经济增长的现代工业和少数民族的经济社会的关联性很低，一些少数民族甚至是游离在地区经济发展的进程之外。矿产资源开发等牧区工业化建设和城镇化建设，几乎与当地少数民族联系不大，资源开发，淡忘了生活在草原上的牧民。为了缩小“三牧”和“三农”的发展等各方面的差距，尤其是要整体改变城乡的二元结构，国家在加快牧区城镇化建设步伐的同时，也要注重群体差别，区别对待。

在城市化进程中牧区牧民和农村居民的情况不同。虽然转移出来的农牧民一样在城市从事与原来职业不一样的工作，其生活方式也发生了变化。但是，牧民进城多是生态移民，由于牧区发展的边缘化等诸多原因造成的。农民对于新身份、新环境的适应能力比牧民强，压力也比牧民要轻得多。更明显的是由于文化的差异导致牧民难以融入当地的生活，成为真正的市民要比农民艰难得多。因此，在推进城镇化进程中必须重视农牧民的差异，国家要有必要的先期投入，对进城务工的牧民提供基本的生活保障和必要的技能培训，帮助其尽快融入当地的生产生活之中，使转移出更多牧区剩余劳动力成为可能。

（3）制定并落实牧民移居和禁牧的综合方案。城镇是未来牧民定居的场所，但不能把城镇化作为牧民未来生活的唯一方向。地方政府根据草场面积和质量等因素制定综合的牧民移居方案，不能采取“一刀切”的方式直接强令所有牧民直接变迁或“禁牧”。尊重牧民的生活习惯和选择意愿，对一些老龄牧民进行集中搬迁，给予良好居住条件和生活条件的保障。对一些个人愿意留在牧区生活的牧民给予基本生活补助，激励牧民参加劳动增收。“禁牧”也应区别对待，实现“保一部分”和“扶一部分”同时进行。“保一部分”是指保障一部分牧民基本生产生活；“扶一部分”是指帮扶一些有能力和有想法的牧民实现额外创收。

（4）提高牧业生产能力。牧区生产能力的提高直接作用于牧民的增收，而良种是提高牧业生产能力的最关键因素，是畜牧业增收的最有效手段。牧区地方政府应该加大牲畜良种工程建设力度，扩大畜牧良种补贴范围和规模，加快健全完善牲畜良种繁育体系，建设现代畜禽种业，提高良种供应能力和水平。另外，牧区还应逐步发展规模化养殖，转变传统的养殖方式。科学饲养、规模经营，也是提高牧业生产能力的重要措施。牧区应利用国家实施草原生态补奖机制、退牧还草等生态工程项目及畜禽标准化规模养殖项目的综合效应，大力推进牧区生态家庭牧场和农区标准化规模养殖小区（场）建设，加快生产发展方式转变步伐。提高规模化程度，加快畜群周转，提高防灾能力，实现规模效益和节本增效，增加农牧民收入。

总之，增加农牧民收入问题是一个十分艰难而又迫切需要解决的问题，我们要响应党中央的号召，为内蒙古自治区农牧民收入的提高和幸福安康做出自己应有的贡献。

5. 切实加强牧区基层干部队伍建设

加强牧区干部的培训和交流学习是解决基层干部素质低的有效途径，干部素质的提高意味着其工作能力和带头作用的增强，这有利于地区稳定，并在促进人们生活水平提高的过程中充分发挥作用。增加对苏木政府的公务经费拨付，根据苏木管辖面积和办公人员情况进行差异化拨款。提高嘎查主任和书记补贴水平，组织不同苏木和嘎查之间的交流学习。市级和旗（县）政府定期派出专门人员深入牧户了解实际情况，对牧民生产生活中存在问题开辟“绿色通道”解决，把牧民的困难放在首位。

新形势下，加强内蒙古自治区农牧区基层干部队伍建设，是建设社会主义新农村、实现农牧民收入持续增加的重要保证。俗话说“火车跑得快，全靠车头带”。人们也常用“鱼”和“水”来比喻干群关系。然而近年来，在内蒙古自治区的大部分地方，农牧区基层干部与群众之间的“鱼水关系”已荡然无存，变成了“水火关系”——干群之间矛盾激化，水火不相容，严重到出现了集体上访、暴力抗法等事件。干群关系紧张的原因很多，但非常重要的一条就是国家、集体与农牧民的利益关系不合理以及不规范的税收体制造成的。在这种不合理的体制下，基层干部的角色发生了错位，他们把最主要的精力放在了向群众催粮催款、集资摊派上，根本没有时间和精力考虑地区经济发展、人民生活水平提高的问题。“乡官”成了“税官”“催命官”，绝大多数乡镇、苏木都是将收粮收款的任务层层分解，“千斤重担人人挑，人人肩上有指标”，基层干部如果完不成任务就可能奖金、福利甚至正常的工资都没有保障。结果是“狗混熟了，人搞生了，腿跑断了，气受够了，心累死了，形象黑了”。“鱼水关系”成了“水火关系”，农牧民群众怨声载道，基层干部苦不堪言。不规范的体制催生出的最严重的恶果就是农牧民负担沉重，而农牧民负担问题正是造成干群关系紧张甚至引发干群冲突的导火线。所以，要改变这种现状，农牧区的广大基层干部就要适应新形势的要求，做到“两个提高”“三个转变”，努力提高自身的整体素质和能力；从管理型向服务型转变，从内向型向外向型转变，从被动型向主动型转变。

## 二、解决牧民就业问题的相关举措

1. 转变经济增长方式和调整产业结构

地方经济粗放型增长方式和产业结构单一是牧区少数民族大学生和专业牧民就业难的根源。各旗县产业结构都存在第一产业发展缓慢，第二产业快速发展，第三产业滞后的问题。第一产业是积极转出劳动力的产业，是牧区产生就业问题的源头。第二产业快速发展本应积极吸纳高校毕业生就业和转移牧民就业，但高校毕业生和转移牧民的自身原因又造成“高不成低不就”的就业难题，最适合牧区少数民族高校毕业生和转移牧民就业的第三产业却发展严重滞后于第二产业，也从根本上制约了地方的就业。因此，各级政府应该借国务院出台《关于进一步促进内蒙古经济社会又好又快发展的若干意见》文件的时机，积极利用中央和自治区政策，转变经济增长方式，调整产业结构，从根本上解决就业难题。

2. 政府出台相关政策引导少数民族学生到基层就业

一方面，来自牧区的特别是少数民族学生面临就业的困境；另一方面，牧区基础人才缺乏也是困扰地方政府的主要难题。政府可以通过政策引导，促使牧区少数民族大学生毕业后返回基层工作，弥补基础人才缺口，实现就业和基层人才引进的“双赢”局面。来自牧区的大学毕业生从小生活和成长在牧区，对牧区的基本情况了解，风俗习惯适应，语言沟通顺畅，这是发挥他们最大作用的热土，也是基层最急迫需要的人才。牧区大学毕业生与其他学生相比没有绝对优势，但是在牧区工作却具有比较优势，他们更能胜任牧区基层工作，为家乡人民服务。况且现在牧区的基层政工干部素质普遍偏低，思想较为保守，从牧区走出去的学生再回到牧区基层工作，可以弥补这些不足，培养合格的接班人和基层后备干部。各级政府应因地制宜，积极落实自治区的政策和出台具有地方特色的，能够引导少数民族学生到基层就业的相关政策，采用自上而下的政策引导方式，使其产生广泛的社会影响力。

3. 完善现行招考制度

现行公务员、事业单位等相关部门的招考制度，对于少数民族学生的照顾还仅仅停留在共同考试，加分或降分优惠上，没有更大的区别。面对现实中的牧区大学毕业生就业难的问题，应该将牧区少数民族学生和其他学生，本地学生和外地学生进行差别化对待。按照一定比例将岗位在牧区少数民族学生之间、本地学生之间进行竞争，而并非现行的统一考试，政策照顾。或者对某些人才匮乏的特定岗位，如基层政府或医院，直接录用本地牧区少数民族大学生，不通过考试方式选录，并给予正式编制。

4. 转变少数民族高校毕业生就业观念

高等教育既是牧区少数民族学生接受的最系统的教育，也是对其思想和职业生涯影响最大的教育，高等教育在牧区少数民族学生学习生涯中有着特殊的地位。教育部门应该加强高校关于转变就业观念方面课程的设置和引导，在少数民族学生迈入社会之前就扭转他们陈旧的就业观念。高校普遍都开设了大学生就业指导课程，但对于来自牧区的少数民族大学生没有进行专门的引导和差别对待，这可能会产生一些反作用，容易误导他们与其他毕业生一起参与城市岗位的竞争，增加了他们就业的困难。高校应该与政府联合，邀请政府专业就业指导人员指导牧区少数民族学生的就业，转变他们的就业观念。上级政府也应该要求高校引入专门针对牧区少数民族学生的专场招聘会，给予他们更多帮扶，引导他们广泛就业。

5. 行政手段和财政支持保障转移牧民的就业

对配合政府转移安置的牧民，应给予工作保障。如通过行政手段，要求地方矿业和大型企业给予牧民一定数量的工作岗位。对一些岗位政府要拿出专项资金对企业进行补助，如对吸纳转移牧民就业的企业给予税收减免和专款支持，吸纳一名转移牧民每月补助企业一定金额，以此鼓励企业对转移牧民就业的吸收。另外，鼓励牧民自主创业，对拥有文艺特长和传统手工艺的牧民，应该鼓励其自主创业，并给予税收减免和财政补贴，甚至进行专项扶持，支持和鼓励转移牧民自主创业。

6. 加大对转移牧民技能培训和市场信息的供给

许多地方政府在牧民转移安置方面只关心其衣食住行等困难，缺乏对就业的支持力度。对转移牧民的就业培训就更少，甚至不如原来从事牧业生产时期。本来技术能力和学习能力较差的牧民就业就特别困难，如果政府不能给予其技术上的培训，那么就更无法让牧民适应激烈的市场竞争。各级政府应该积极组织对转移牧民的培训（如驾驶、厨艺、手工艺等）工作，而且将男女转移牧民区别对待，给予不同的技能培训。现代社会是信息化社会，就业需要广泛的信息途径。而转移牧民安置后对环境不了解，信息渠道较少，造成机会的无形流失。各级政府应该针对这一问题，协调就业局等相关部门专门收集适合转移牧民就业和创业的相关信息，给予转移牧民充分的信息供给。

## 三、政府要系统对牧区的财政进行补贴

财政补贴属于财政政策范畴，在一个国家或地区经济社会发展及民生问题领域发挥着积极的作用。如何纠正财政补贴使用率不高的问题，需要政府对财政补贴政策的制定、执行等整个过程把关，具体而言，要做好如下几方面的工作：

1. 明确财政补贴目标

财政补贴要切实针对经济社会发展及公民的真实需求，明确补贴目标。补贴目标可以有长期和短期之分，可以有不同层次的区分。明确的目标是财政补贴机制、补贴程序、补贴评估等各个环节的前提和基础。例如，惠农惠牧补贴的宏观目标在于减轻农牧民负担、提升农牧业竞争力、增强农牧民消费能力、拓宽农村牧区市场，惠农惠牧补贴应该围绕这些目标实施。不同地区不同阶段的惠农惠牧补贴的具体目标也不同，这就需要进行真实客观的社会调研工作。例如，农区和牧区的经济发展模式不同，需求也不尽相同，对农区而言，优良的种子、低价的农资、稳定的农产品价格更为重要；对于牧区而言，草场保护、水资源利用、畜产品价格信息则更为基础；对于地域辽阔地区，同样是农区或者牧区其需求也不完全一样，内蒙古自治区东部、西部都有牧区，但因为草原类型、气候因素、人口因素不同，东西部牧区在经济社会发展中的需求也不同，针对不同情况给予农牧民不同的补贴，才能切实满足农牧民需求，真正发挥财政补贴的功能。

2. 公开财政补贴程序

财政补贴使用的是公共资金，补贴程序要通过合理途径确立，保证其合法性；补贴程序更要公开透明，保证其合理性要求。财政补贴及其过程要置于公民

和媒体的监督之下，其程序中应包含公民、媒体的监督管道和方式。在具体财政补贴过程要坚持“阳光操作”，把有关《公开信》“一折通”“一卡通”等及时发放到农户手中，确保农牧民的知情权，将基层政府或村委会上报的补贴对象、补贴依据、补贴标准、补贴金额、联系电话等信息，通过“村务公开栏”或“财务公开栏”公布于众，接受社会监督，防止数据不实、虚假立项、骗取套取、挤占挪用财政资金等行为。程序公开还需要有来自公民、媒体的参与和监督，各级政府通过积极宣传和政策宣讲，让老百姓逐步树立公民意识、参与意识，积极参与，自觉监督财政补贴等公共行为；积极发挥媒体的监督功能，及时发布各类补贴信息，客观报道财政补贴政策和各地的做法，保持财政补贴程序公开透明。

3. 评估财政补贴效果

按照目标管理和绩效管理理念的要求，财政补贴能否实现其目的，是否达到其政策效果，需要通过科学合理的评价体系来评估。财政补贴效果评估可依托合理的评估程序、科学的指标体系、独立的评估机构来实现。财政补贴效果评估要做到持续有效，对评估结果要及时给予公示，并作为财政补贴是否继续或者取消的依据。

4. 健全财政补贴政策

从公共政策层面来看，财政补贴政策要系统全面才能发挥其应有的财政功能。一项完整系统的公共政策，应该包括政策问题认定、政策制定、政策执行、政策评估、政策修订等环节，健全的公共政策，需要对每个环节都给予考量，任何一个环节的忽略都有可能导致整个政策的实效。具体对财政补贴政策而言，各级政府应该通过大量的调研或者依托研究机构，了解哪些问题切实需要财政补贴来解决，合理界定政策问题；在合理界定政策问题的基础上，多方征求意见，科学制定财政补贴政策；有了科学合理的政策，还需要强有力的、能认真严谨落实财政补贴政策的部门、机构或者人员；在政策执行落实后，需要对照政策目标、依托具体的评估体系，及时地进行政策评估，判定财政补贴政策的效果；在科学合理的政策评估中，将政策效果与政策目标比对，发现差距，寻找原因，及时给予修正。只有对每个环节都给予了考量，形成系统全面的政策体系，才能保障财政补贴政策的一致性、可持续性和有效性。

5. 创新财政补贴方式

补贴方式是否科学合理同样影响财政补贴的效果。例如，在公共服务领域广泛使用的“凭单制”（一般来说是指政府部门给予有资格消费某种物品或服务的个体发放的优惠券）同样可以在财政补贴领域推广。各级政府在详细了解农村牧区实际需求的基础上，为农牧民发放“凭单”而非资金或农资实物，农牧民根据实际需求通过市场机制利用“凭单”去购买产品或服务，提供产品或服务的企业依托“凭单”从各级政府获得资金补偿。使用“凭单制”有其难度，但在化解中国式财政补贴困惑中应该是个不错的选择，尤其是可以规避来自老百姓层面的、将补贴挪作他用的老大难问题。

## 第二节　对民生社会保障方面的政策建议

### 一、要强化养老保障法制建设

老有所养是关系整个社会稳定和可持续发展的重要问题。由城乡分离到城乡统筹，由城乡统筹到城乡统一是世界养老保障制度变革的一般规律。内蒙古自治区自古就是多民族的聚居区，汉族和蒙古族等民族相互交融，相互学习，不断加强和加深经济、文化和情感的交流，使内蒙古自治区农村牧区深深地受到中国传统文化的影响，传统家庭养老的保障方式在内蒙古自治区农村牧区根深蒂固。但内蒙古自治区气候相对恶劣，医疗卫生条件落后，农牧民一般在进入老年阶段后，身体素质和健康状况相对较差，特别是其经济欠发达，对农村牧区养老体系建设支撑能力不足。同时，内蒙古自治区地域辽阔，村庄定居点较为分散，特别是广大牧区地广人稀，比较偏远，基层政府部门管理困难，落实政策成本高、效益低。此外，内蒙古自治区社会养老保险制度变革缓慢，新型农村和城镇居民社会养老保险制度保障水平还未能实现应保尽保、应享尽享，且现行制度基础养老金标准过低，保障水平低，难以发挥养老作用。目前，内蒙古自治区已于2011年将新农保和城镇居民社会养老保险合并实施，并于2012年实现了城乡居民社会养老保险制度全覆盖，范围达到内蒙古自治区牧区的旗县，养老保障向区域均衡、制度均衡方向迈进。

1. 健全并完善农村养老保障法律体系建设

自新中国成立以来，党和国家高度重视社会保障工作，《中华人民共和国宪法》《中华人民共和国老年人权益保障法》《中华人民共和国婚姻法》等法律都在子女赡养老年人的义务方面作出了明确规定。但迄今为止，尚未出台单独的"农村养老法"，有关农村养老方面的内容仅在《中华人民共和国老年人权益保障法》《中华人民共和国婚姻法》《中华人民共和国继承法》《中华人民共和国民法通则》等法律法规之中有一些涉及，容易造成法律、法规间彼此不协调，也直接影响农村养老制度的深入推进。所以，应在国家层面上尽快制定出台农村养老的基本法，比如"中华人民共和国农村养老保障法"，同时，按照"中华人民共和国农村养老保障法"的基本原则，尽快制订出台"中华人民共和国农村家庭养老法"、"中华人民共和国农村老年人权益保障法"等配套法律。在内蒙古自治区层面上，应加快制订、修订和完善关于农村牧区养老、医疗、福利、救助、社区服务等方面的法规、政策。此外，自治区政府应立足于国家现有关于养老保障的法律法规，充分利用地方立法和自治条例的权限，制定"内蒙古自治区老年人权益保障条例"等行政法规，加快推进农村牧区养老保障制度的定型与稳定，确保各项保障机制规范运行，为建立和完善内蒙古自治区农村牧区养老保障制度营造更加良好的法制环境。

2. 健全并完善社会保障司法机制

内蒙古自治区农村牧区大量繁杂的养老保障事务都通过行政执法机构完成。要加强对现有法律法规和政策制度的执行力度，确保各项养老保障基金及时足额发放到农牧民手中。同时，内蒙古自治区各级地方政府要采取多种形式，大力开展现有养老保障法律、法规和政策的宣传工作，在全社会广泛普及养老保障法律知识，确保其深入广大农村牧区的千家万户，使老年人提高对维护自身合法权益的认识，当自身权益受到不法侵害时，能够主动拿起法律武器来维护自己的权益。要进一步加强老年人的法律服务工作，健全养老保障争议仲裁机制，做好老年人法律援助工作，各级基层调解组织要悉心调解各种涉老纠纷，妥善化解各类涉老矛盾；各级老龄工作机构要充分发挥职能作用，督促协调相关部门依法行政，维护好老年人合法权益，确保农牧区老年人获得应有的老年服务。

## 二、加强公共服务建设

加强公共服务建设要加大对基础设施和教育医疗的投入力度。目前，内蒙古自治区牧区经济发展水平比较低，发展能力还很弱，对基础设施的依赖性会更强。通过研究发达国家的实践证明，农牧区基础设施的建设对于改造传统农牧业、实现农村牧区产业升级换代、将现代文明引入农村牧区、改善农牧民生活状况等各方面都起到了非常重要的作用。内蒙古自治区牧区现有的基础设施建设非常薄弱，国家投入严重不足，直接影响了“三牧”的发展。我们国家也非常重视对教育的投入，主要是为了提高国民的教育水平，对牧区也是一样，虽然教育不能直接增加牧民的收入，但是通过教育培训可以提高牧民的人力资本水平，这是牧民个人收入持续增加的根本动力。分析发现，内蒙古自治区的 33 个牧业旗县平均拥有的卫生资源均低于内蒙古自治区牧区的平均水平。由于牧区医疗卫生设施不足，无法满足广大牧民看病就医和不断提高健康水平的迫切需要。问题的根本在于牧民的经济状况还比较困难和国家对牧区扶持力度的不足。

1. 内蒙古自治区新型农村牧区合作医疗的对策建议

对内蒙古自治区新型农村牧区合作医疗的发展，有以下几点对策建议：

（1）合理制定筹资水平，吸引农民积极参保。多项针对农户合作医疗参加意愿和支出结构的调查均表明，大多数农民家庭年均对烟酒的消费水平都高于对合作医疗的筹资水平，除了少数极其贫困的农户以外，一般农户还是有能力缴纳一定的合作医疗费的，构成合作医疗筹资障碍的主要是农民的认识和观念问题。因此，以低筹资水平换取合作医疗的低水平运行是不可取的，应根据农民的实际承受能力适当提高合作医疗的筹资水平，从而提高农民的受益程度，吸引农民自觉自愿地参加合作医疗。

（2）改变现行保障模式，促进合作医疗可持续发展。现行的合作医疗模式属于现收现付形式，没有形成基金的积累，削弱了合作医疗可持续发展的基础。采取“以收定支”的筹资方式是在当前农民的支付能力、支付意愿、乡镇干部管理水平、合作医疗的社区属性等多种因素制约下的一种现实的选择。由于筹资水平较低，合作医疗难以形成结余，能够保持“收支平衡”就已经算是成功的了。从长远看，这种运行模式的基础是十分脆弱的，完全取决于当年的资金收支状况，一旦发生偶发性的传染病流行等超常风险就会使资金支出失去控制，合作医疗就会出现赤字，不能履行补偿责任，使农户对合作医疗的信心遭到破坏，失去交费积极性，给下一年度的资金筹集带来很大的困难。

（3）简化报销程序，积极进行引导宣传。大部分农牧民对合作医疗的补偿和报销范围以及报销程序不了解，这严重影响了他们对新型农村牧区合作医疗的参与积极性。农牧民只知道合作医疗对自己有利，但具体怎么从中得到实惠却不得而知。所以政府应针对农牧民文化水平普遍偏低的实际情况做好积极的宣传和引导工作。使报销程序简单明了，适合农牧民。

（4）加强基础设施建设，加大对医疗卫生的投入力度。卫生院具有提供医疗服务和管理合作医疗的双重职能，这种模式从长远看不利于合作医疗的可持续发展，也不利于控制医疗费用的不合理增长，导致合作医疗基金随时面临收支失衡的危险。在对农户的调查中发现，农村卫生条件较差，几个村子里有一个卫生院，专业医生只有一名。尽管是合作医疗的指定机构，但是连医生对合作医疗的具体内容也十分模糊，更达不到给农民宣传的目的。因此，政府应当加大对农村牧区的医疗卫生投入，不仅要加强乡镇卫生院的医疗设施建设，更要加大对乡村医生的培训和培养工作，从根本上解决农牧民看病难、看病贵的问题。

2. 强化政府投入

根据公共产品理论，农村养老保障具备公共产品属性，能够对全社会造成巨大的外部效应。内蒙古自治区各级政府必须加强认识，切实履行好在农村牧区养老保障制度建设中的责任，在政策支持以及财政投入上给予更大的倾斜力度。

（1）提供制度安排。从公共财政学的视角出发，农村养老保障实质上就是政府通过对国家收入及财产进行的一种再分配，以满足农村居民晚年的基本生活需求。面对农村养老保障这一公共问题，虽然市场机制力所不及，但却不能忽视这一公共问题，因为它能够左右广大农村居民的积极性，影响全社会的和谐发展，最终影响社会整体效益。因此，政府的重要责任之一就是对国家收入和财产进行再分配，建立和完善农村基本养老保障制度体系，做好农村最低生活保障、农村社会救助、新型农村合作医疗以及农村社区养老服务体系建设等配套性制度安排。同时，内蒙古自治区农村牧区养老保障制度的完善有其特殊性。根据《中华人民共和国民族区域自治法》的有关规定，“民族自治地方的自治机关有权采取特殊政策和灵活措施，加快本地区经济、文化建设事业发展”。内蒙古自治区作为民族自治地方，要在不违背《中华人民共和国民族区域自治法》的原则下，充分发挥自治机关的自治权，为农村牧区养老保障制度的建立与完善创造更加良好、宽松的政策环境。

（2）提供财力支持。建立和完善农村牧区养老保障制度体系，是社会经济发展过程中保障每位农牧民基本生活的重要举措。根据国家财力和地区经济社会发展水平来加强农村牧区养老保障体系建设，是政府无从推脱的责任，其中提供财力支持特别关键。反思我国在20世纪90年代开展的农村社会养老保险制度改革之所以难以推行，关键在于政府没有提供必要的财力支持。综观欧盟各国、日本、澳大利亚等发达国家在养老保障方面的探索实践，政府提供必要的财力支持是保证农村基本养老保障制度建立并不断发展完善的重要基础。恰如温克勒在对欧洲国家农民养老金的财政状况进行总结时所言，没有任何一个社会保障机构能仅仅依靠所缴费用来承担农民养老金的支出，他们均必须依赖政府补助和其他方式的补贴。同理，我国农村养老保障制度也离不开政府的财力支持。内蒙古自治区各级政府要根据经济发展和城乡居民收入增长等情况，加大财政对农村牧区养老保障体系的投入力度，提高财政总支出中社会保障支出所占的比重，提高社会保障总支出中农村牧区养老保障支出所占的比重以及城镇和农村牧区居民社会养老保险缴费档次和补贴标准，确保城乡居民基本养老保险替代率不降低，逐步缩小城乡社会养老保障水平差距。同时，做好新农保基金的投资运营，保证基金保值增值，通过投资收益率的提高，实现社会养老保险待遇水平的提升。

（3）加强监督管理。政府要加强对农村牧区养老保障监督机制的建设，加大对养老保障目标落实、基金运行以及依法行政管理情况的监督力度，不断提升政府对农村牧区养老保障的管理效能，同时，不断提升管理人员素质。农村牧区社会养老保障政策性强、范围广，涉及农村牧区经济生活的方方面面，对管理人员的素质提出了很高要求。为此，管理人员必须加强学习，不断提升理论水平，提高自身的业务素质和工作能力，适应时代的发展需要。此外，政府要在管理方式方法上有所创新，不断提升农村牧区养老保障过程中的信息化管理水平，使管理更加程序化、规范化、科学化。

（4）加强牧区养老保障制度的设计。由于内蒙古自治区牧区主要经济类型是畜牧业生产以及相关产业，地域比农区辽阔，人口也比农区分散，具有游牧、半游牧生活方式和习惯，生产方式相对粗放，生产结构单一，生产生活环境受自然环境制约，人均收入增长相对稳定和缓慢，接受新生事物相对较慢，决定了其养老保障具有特殊性。因此，内蒙古自治区政府应加强牧区养老保障制度的设计，使牧区养老保险起点要高于农村养老保险的起点。首先，牧区养老保险统筹层次要高于农区，做好社会统筹。其次，牧区社会养老保障标准可以参照农区标准适当提高，各级政府要加大投入，采取多种方法提高牧民的养老保障水平，逐步缩小牧区与农村、城市养老保障水平的差距。最后，内蒙古自治区各级政府应做好宣传工作，鼓励牧民家庭全员参加社会养老保险，多缴多得，以适应牧区家庭观念强、剩余劳动力转移难、牧业生产条件和自然环境脆弱等客观要求，从根本上防范养老风险，为牧区全面建成小康社会奠定坚实的基础。

3. 做好“三农”“三牧”工作

内蒙古自治区农村牧区养老保障制度的完善应建立在经济基础之上，与经济发展水平相适应。

（1）着力推进现代农牧业建设。要持续提升农牧业综合生产能力，加快转变发展方式，发展现代农牧业。加快推进农牧业产业化发展，围绕优势特色产业，扶持龙头企业做大、做强，推动龙头企业与农牧户建立紧密相连的利益共同体，努力培育壮大一批特色产业，促进农牧业规模化、集约化、品牌化发展。把农牧业科技创新摆在更加突出的位置，大力实施科技兴农战略，为农牧业增产、增收、农村牧区繁荣注入强大动力。充分发挥政府在农牧业科技创新投入中的主导作用，建立健全农牧业科技投入随经济发展水平同步增长的长效机制，不断加大农牧业研发投入，不断提高其占农牧业增加值的比重，加大农牧业科技创新力度。大力推广先进适用技术，加大农牧民科技培训力度，努力培养有文化、懂技术、会经营、能管理的新型农牧民，造就新型农牧业和农村牧区人才队伍。要针对农村牧区务农劳动力老龄化日益严重的实际，加快培养新型职业农牧民，引导和鼓励有文化、懂技能的青壮年投身于农村牧区，加快现代农牧业发展，建设社会主义新农村、新牧区。

（2）完善农牧业基础设施建设。目前，内蒙古自治区城乡公共资源配置不均衡，农村牧区水利、电力、公路、通信等基础设施建设滞后，严重制约农牧业发展。要加快推进农村牧区水利、公路、电力、通信、危房改造等各类基础设施建设，改善农村牧区风貌，改善农牧民的生产生活条件。

（3）千方百计增加农牧民收入。农牧民收入是“三农”“三牧”工作的核心。各级政府要高度重视，不断强化责任，落实各项增收措施，努力让广大农牧民过上富裕文明幸福的小康生活。内蒙古自治区农牧民现有的收入渠道63.5%来自家庭经营。要努力扩大广大农牧民收入来源，培育新的增收点，建立多元化、可持续的农牧民收入稳定增长机制。

（4）不断完善农村牧区教育、科技、就业等与农牧民经济收入密切相关的各项制度。内蒙古自治区教育、卫生、文化等社会事业发展水平与政府能够提供的公共服务差距明显。要下大力气抓好农村牧区教育，努力提高农牧民的素质和就业能力。深化户籍管理制度改革，取消对进城务工农牧民的不合理限制，使其有效融入城市，和城镇居民一样获得平等的就业机会。同时要坚持优先发展教育。加快发展学前教育，实施乡镇苏木公办中心幼儿园建设工程和国家中西部农村学前教育工程试点。以促进公平和提高质量为目标，继续推进素质教育，促进义务教育均衡发展。全面完成“校安工程”第一阶段三年规划任务，启动第二阶段建设工程。全面实现高中阶段免费教育，提前一年完成目标。加强中等职业教育基础能力建设。加大专项资金投入，使自治区普通本科高校生人均拨款水平达到12000元，完成国家下达的目标任务。继续做好高校债务化解工作。改革民族教育人才培养模式，提升民族教育发展水平。加快医药卫生事业发展。完善新农合保障制度，实现新农合盟市统筹。推进基本公共卫生服务均等化，全面推行县乡村卫生服务一体化管理。加强基层医疗卫生体系建设，实现苏木乡镇卫生院分类分级管理。健全基本药物管理制度，规范政府办基层医疗卫生机构与基本药物和医疗器械的采购流程。推动公立医院改革试点工作，完善公立医院法人治理机制、运行机制和补偿机制。大力扶持发展蒙中医药事业。全面加强人口和计划生育工作，继续稳定低生育水平，积极应对人口老龄化趋势，统筹解决人口问题。广泛开展全民健身活动，不断提高竞技运动水平。加强气象、地震、人防、侨务、文物保护等工作，维护妇女儿童、老年人和残疾人合法权益。

## 三、完善牧区基础设施建设

在《国务院关于进一步促进内蒙古经济社会又好又快发展的若干意见》中，其主要目标首先提到的就是基础设施建设，到 2015 年，交通、能源、水利、农牧业等基础设施瓶颈制约明显缓解；到 2020 年，基础设施更加完善，基本适应经济社会发展需要。如何实现上述目标，推动牧区基础设施建设，为牧区经济社会全面发展提供保障，现从宏观层面和微观层面两个角度提出政策建议。

1. 宏观层面，针对基础设施建设的共性问题

（1）改变传统的“政府、集体、牧民”共同投资模式。传统投资模式是政府、集体、牧民共同投资基础设施的建设环节，但往往因集体和牧户资金短缺，很多牧区必需的基础设施无法建设。鉴于基础设施建设和使用的长期性，我们可以将基础设施建设分为建设、使用、维护三个环节，将政府、集体、牧民的投资分散在不同环节，政府投资建设环节、集体和牧民投资使用和维护环节。这样既可以避免因集体和牧民投资不足而导致基础设施短缺，又可以实现对不同投资主体的激励，尤其是能调动集体和牧民的投资积极性。

（2）发挥财政资金导向作用，建立基础设施多元化投资机制。鼓励民间资本投资基础设施。积极发挥财政杠杆和导向作用，建立投资激励机制，引导更多的民间资金投入牧区基础设施建设。政府通过税收、补贴、贴息等措施对民间投资给予优惠和鼓励，以吸引民间资金投向牧区。引导有实力的企业进入牧区基础设施建设。企业参与牧区基础设施建设，一方面推动了牧区现代化进程，给牧民带来了好处；另一方面为企业培育了良好的周边环境，降低了企业发展的外部成本。各级政府应制定合理的政策，采取“企业 + 农牧户 + 小城镇”的方式，积极引导和鼓励这些企业在农村牧区基础设施建设方面发挥更大作用。

（3）鼓励牧民进入牧区基础设施建设领域。牧民是牧区基础设施的消费者和受益者，在能力范围内应当承担所在地区的公用设施建设义务。牧民进入牧区基础设施建设的方式很多，可以采取“以工代赈”、股份合作制等筹资形式。具体如何进入，要根据公用设施的性质和受益范围以及农民承受能力确定。但一定要坚持自愿的原则，以不加重牧民负担为条件，要尽量避免对牧民的利益造成伤害。

2. 微观层面，不同领域基础设施建设中的具体建议

（1）解决道路交通基础设施的政策建议。第一，按照国家和自治区对牧区主体功能区的划分，在禁牧、休牧具体政策措施基础上，认真规划牧区道路交通，配合牧区移民规划，积极落实“村村通公路”方案。第二，加大政府对牧区道路建设的投入大度。在道路整体规划的基础上，取消要求苏木嘎查或者牧民的配套措施，牧区道路全部由政府财政负担。第三，政府在招商引资过程中，可与入驻企业达成协议，在企业入驻区域的一定范围内自建公路，弥补牧区道路交通不足问题。

（2）解决水利基础设施的政策建议。第一，加大投入，增强防旱抗旱能力，建立牧区人畜饮水长效机制。政府应针对阿鲁科尔沁旗十年九旱的特点，借助国家2011年一号文件关于强化水利设施的机遇，积极争取国家专项资金，修建牧区防旱抗旱水利设施，彻底解决牧区人畜饮水困难。第二，就上级政府而言，在对草原合理规划和主体功能区划分的基础上，通过牧区公共事务一事一议解决机制，了解不同地区人畜饮水基础设施的缺失状态和现实需求，然后由各级政府分别投入，在牧区修建饮水基础设施。第三，提升企业进入牧区的门槛，严格监控企业用水情况。做到“限制用水大户进入，取缔水资源浪费企业”，坚决制止基层政府基于发展经济、提升政绩而无序招商引资的现象。

（3）解决通信网络基础设施的政策建议。第一，加大政府投入，部分企业不愿意投资兴建基塔的区域，可由政府投资兴建，委托企业管理。第二，通过政府与企业制定相关协议，企业兴建并管理使用率较低地区的信号发射塔，政府通过财政补贴或者税收优惠给予奖励。第三，政府牵头，建立由部队、企业、基层政府、牧民共建共享的通信基础设施。有些区域公安边防的信号必须覆盖，可由公安边防或者企业投资兴建，通过适当收费与基层政府、牧民共享，既可避免资源浪费，也可适当回收成本。这种做法在有些地区已经实施。

（4）解决通信基础设施的政策建议。通信网络基础设施的共建共享。通信网络建设投资金额巨大，而其中接近70%是基础设施建设，如果能够实现基础设施共建共享，将大大节约投资额度。此外，基础设施层面的共建共享相对可操作性较强，我国电信基础设施共建共享已经起步，取得了不俗的成绩。目前面临的主要是技术和协调问题。主要技术问题有铁塔载荷问题、机房空间问题、机房

环境控制问题、站点动力问题、站点综合占地问题、工程施工等问题。目前国内一些通信公司已致力于通信配套领域的研究，提供系列化产品和整体解决方案，为基础设施共建共享提供了技术保障。

## 第三节　对完善社会事业发展领域的政策建议

### 一、对解决牧区社会建设与社会管理领域的建议

社会管理理念创新要适应牧区经济社会发展的新形势、新要求，切实转变社会管理理念。地方政府应树立法治理念、人本理念、服务理念、共治理念、民生理念、协商理念、预防理念。要从根本上实现由“重经济建设、轻社会管理”向“经济、政治、文化、社会建设四位一体”的理念转变，从“重政府作用、轻多方参与”向“政府主导、社会协同、公众参与共同治理”的理念转变，强调以人为本，寓管理于服务，重在服务。

社会建设核心在民生，社会管理创新重心在服务。通过加强社会建设、做好公共服务来为社会管理创新奠定坚实的基础。应集中财力解决好民生问题，才能从根本上消除不稳定、不和谐因素。高度关注“转移进城牧民”“蒙语授课高校毕业生”两大群体。对转移牧民不能“一转了之”，除提供就业、医疗、养老等保障及后续管理和服务外，移民安置还应充分考虑少数民族群众的生活习惯、语言文化、民风民俗，落实民族政策，如采用集中安置办法建设一些民族新街、牧民新村等，使民风民俗得以传承，增强进城牧民的认同感、归宿感。对蒙语授课高校毕业生，自治区应出台毕业生回旗县或市区生源地的就业扶持政策，以确保大多数毕业生能够就业。根据调查统计，牧区有35%左右的牧民信仰喇嘛教，因此在保证信仰自由的同时，要合理引导，充分发挥喇嘛教在牧区社会管理中的作用。

加快培育发展民间组织。要健全党委领导、政府负责、社会协同、公众参与的社会管理格局和基层社会管理体制。培育和发展一批具有本地特色、效益好、

作用发挥突出、对当地经济有影响的牧区专业经济协会，提高牧民的组织化程度。大力促进各种社会组织健康有序发展，鼓励社团、行业组织等依法自主参与社会管理，形成覆盖全社会的社会管理体系。积极探索牧区社区建设，发挥社区在就业、社保方面的重要作用，提高牧民自治水平。

完善相关法规政策保障体系。无论是社会建设、社会管理，还是社会管理创新，都必须有法律规范作支撑、制度作保障。加强民生制度建设，确立以政府为主导、社会各方共同参与的民生社会管理发展新机制。要完善生态转移牧民的政策服务体系，包括就业、住房、社保以及子女的教育、就业等政策出台实施。如对转入城镇户籍的人口，要优先安置其毕业子女的就业。

加强基层服务是关键。基层政府和干部至关重要，关系党和国家惠民政策在牧区的贯彻落实，关系党和政府在人民群众中的地位、形象、威信。针对牧区社会的特殊性尤其是苏木服务半径大的现状，要进一步加大对基层建设的投入力度，改善办公、交通、通信等条件。满足基层政府履职需要，提高管理服务水平。建立完善利益协调、诉求表达、矛盾调解处、权益保障四大机制。强化基层党组织在社会管理中的基础性作用，苏木乡镇要把主要精力放在服务群众、化解矛盾、维护社会和谐稳定上。积极探索建立矿山企业与所在苏木乡镇嘎查共建、共享、共管的新型牧区社会治理结构。

加快社会矛盾调解体系建设。在社会矛盾调解体系建设方面，鄂尔多斯市东胜区和通辽霍林郭勒市为我们提供了有益的借鉴。东胜区为妥善有效化解各类社会矛盾，彻底转变以往调解工作各级各部门各自为政、单兵作战的局限，建立了“党委政府统一领导、政法综治牵头协调、调处中心具体负责、司法部门业务指导、职能部门共同参与、社会各方整体联动”的“大调解”工作机制。霍林郭勒市率先在全国建立“县官坐堂”的直接面向群众、为群众解决实际困难的“群众诉求服务中心”，主旨是关注民生、了解民意、解决问题，得到了上级领导和有关部门的充分肯定，深受社会各界和广大人民群众的好评。

加强应急管理体制机制建设。逐步完善各类突发事件应急处置预案，建立健全突发性事件应急响应体制，保证各类群体性、突发性事件能得到快速有效的解决。尤其是针对牧区群体性事件及重大突发性事件、公共卫生事件、自然灾害事件等，要进一步完善监测预警机制和排查、研判、报送、预警信息报告和共享机制，明确职责权限，完善工作制度。

调整领导班子和领导干部考核指标体系。对领导班子和领导干部的指标考核体系中的将以民生工程为核心的社会建设、社会管理部分的权重加大，可效仿鄂尔多斯把社会管理创新工作与绩效评定、职务晋升、奖励惩处挂钩，将社会管理创新在领导干部实绩考核中的权重提高，并实行“一票否决制”。

## 二、发展教育，培养新生代牧民

### 1. 加强师资力量，强化基础教育

基础教育是整个教育的基础，基础教育的好坏直接关系其他教育的发展。在内蒙古自治区牧区，大部分农牧民的教育还处在小学和初中一二年级的水平，基础教育很薄弱。应该大力发展义务教育，加大对义务教育的投入力度。一是地方政府加大对农牧民的教育补贴，为农牧民及其子女提供相应的物质支持以减轻教育压力。二是学校应结合地区发展的实际，设置有关农业发展的科目，结合知识进行实际操作，提高农牧民的整体机能。

在内蒙古自治区牧区，大部分学校的师资力量比较薄弱，学校的硬件设施和软件设施都跟不上时代的发展。政府应该加大对农村牧区学校的投入力度，扩大学校的规模，吸纳更多的教师，以此来加强师资力量。第一，选拔优秀的老师去农村进行支教，并给予相应的补贴。保证教师的工资按时发放，提高农村老师的地位。第二，应该对农村学校的老师进行定期的先进教学知识和教学技能的培训，以提高教师的整体素质，其中必须加强监管机制和淘汰机制，让老师注重继续教育的机会，从中提高教学能力和完善自身素质，更好地推动教育工作。

### 2. 适应时代要求，加大对农牧民的培训

针对内蒙古自治区牧区农牧民思想观念落后，对市场经济认识不足等问题，应该强化牧民的教育观念。一是在普及义务教育的基础上，对农牧民进行职业技术培训。其中，根据培训内容和培训对象的不同，分为短期培训和中期培训。短期培训主要是针对农牧业从业人员和专业技术人员，由于时间限制，技术性比较强。中期培训主要针对农牧民，通过开展实践教学让农牧民了解掌握科普常识和机械操作步骤，再根据其实际运用情况，组织中期培训，进行更深入的教学；同样，对从事专业性较强操作的人员，首先通过掌握基础知识，培训其基本操作能

力，再通过后续的中期培训，提高操作人员的综合水平，使其更好地适应专业技术较强的工作领域。二是加大宣传力度。在由政府部门提供多种讲座、热线服务，现场指导和各项农业实用技术、职业技能、劳动力转移等培训机构的基础上充分发挥广播、电视、网络、农村大喇叭等快捷媒体的作用，进一步扩大技术推广和传播的覆盖面。

## 三、推动文化大发展、大繁荣，促进民族文化大区向民族文化强区跨越

加强社会主义核心价值体系建设。深入实施中国特色社会主义理论体系普及计划，搞好社会主义核心价值体系宣传教育和学习实践工作。大力弘扬民族精神和时代精神，增强广大干部群众热爱祖国、建设家乡的自豪感和责任心。扎实开展精神文明创建活动，认真践行社会主义荣辱观，推进公民道德建设工程，进一步巩固全区各族群众团结奋斗的共同思想道德基础。

加快发展文化事业。重点加强对民族文化的保护、传承和开发利用工作，实现“在保护中传承、在创新中发展”的理念。加强对哲学社会科学的研究，繁荣文艺创作，推出更多优秀的作品。进一步加大财政对公共文化服务体系建设的支持力度，加强文化基础设施建设，高水准建设好城市文化设施，因地制宜地建设好基层公共文化服务设施，继续实施重点文化惠民工程，加快推进基本公共文化服务均等化步伐。

大力发展文化产业。制定实施文化产业发展规划，继续改造提升传统文化产业，大力培育和扶持新型文化业态，策划实施一批重大文化产业项目，加快文化产业园区、示范基地和区域文化产业群建设，提升文化产业规模化、集约化、专业化水平，推动文化产业成为自治区经济新的增长点。积极推进新闻出版公共服务体系建设，繁荣发展民族出版产业，建设国家蒙古文出版基地，加强版权保护。

深入推进文化体制机制的改革。坚持分类指导，积极推进经营性文化事业单位向企业化转制，加快建立现代企业制度。对公益性文化单位和一些具有民族特点、地区特色的文艺团体，进一步加大公共财政的支持力度，使之得到保护和发展。深化文化事业单位内部机制改革，不断增强其发展生机与活力。实施文化

“走出去”战略，加强与国内外文化的交流合作，学习和借鉴优秀文化成果。着力打造草原文化品牌，推动草原文化走向全国、走向世界，不断提升我区文化软实力。

## 四、发展牧业科技，提高生产效率

科学技术是第一生产力，科技的运用将会带动农牧业生产率的提高，同时也会带动农牧业经济的发展。一方面，各旗县应加大对农牧业科技的财政支持力度，聘请专家、学者开展农牧民的专业知识培训和对外出务工者的技能培训工作，加大对科技知识和技能的宣传推广活动，使牧民掌握先进的种植和畜牧技术，提高牧民的整体素质，促进他们科学种植、科学放牧；提高外出务工的牧民在掌握专业技能的基础上就业或促进创业的能力。另一方面，从牧民自身角度来说，注重学习可以提高其文化水平和对主业技术掌握程度，可以提高农牧业生产效率，节约成本。

## 五、提高牧民消费水平要改变基础

当前，牧民家庭消费水平总体上是以生存型消费为主，发展型消费为辅，享受型消费微乎其微。虽然文化教育、交通、通信支出比较多，但这是强制性消费，对医疗保健支出也主要停留在药费和治疗费方面，即发展型消费、享受型消费很欠缺，这在一定程度上反映出牧区交通、通信设施建设仍比较滞后，教育、医疗等公共设施不健全。从新牧区发展以及全面建成小康社会要求看，牧民家庭消费结构仍不合理，需要进一步的改变，为此，特提出以下几方面建议：

1. 提高牧民家庭收入水平

要改善牧民家庭生活的消费结构，提高消费水平，最主要的一个方面是要提高牧民的家庭收入水平，尤其要重视牧民人均纯收入的提高。政府应该继续增加并落实公共财政对牧区居民的各项补贴，逐步调整国民收入再分配结构，加大对牧区居民的转移支付力度；提高对牲畜良种的补贴标准，继续把资金投入用料补贴和农机具购置等补贴上，稳定和完善对牧区的各项扶持政策。另一方面是要拓宽就业渠道，让牧民家庭在闲暇时间能有工作保障，提高他们的经营性收入和工资性收入，保证牧民家庭收入的稳定性。一旦牧民有稳定的收入和就业岗位，牧民对未来收入的预期就会增强，这样才能增加、拉动牧民对发展型、享受型消费的边际消费倾向和需求，才能有效地调整牧民家庭消费结构。

2. 加强牧区基础设施建设

各地区交通、通信费用的支出与年人均生活消费支出总额之间呈强相关关系，这在一定程度上反映出牧区道路交通、通信设施建设滞后以及网围栏建设的弊端。一方面牧区地广人稀，要修建公路，工程量则非常庞大，所以牧区的交通建设往往不受重视，柏油或水泥公路发展滞后，苏木（或镇）与嘎查，嘎查与嘎查之间几乎都是沙石路或者是自然形成的乡间小路；另一方面草场网围栏本身建设不合理，造成牧民出行不便，带来交通阻碍，增加了牧民家庭交通费用开支。另外，由于通信体系建设滞后、信号传输效果差、资费高等原因也在一定程度上增加了牧民家庭通信网络费用。因此，为减少牧民家庭交通、通信方面的支出，改善牧民家庭消费结构，就必须大力加强道路交通、电力、水利等方面的建设，完善牧区的基础设施。可以以政府投资为主，牧民集资为辅的方式筹集资金，同时积极拓展各种社会投资渠道，如政府可以放宽政策鼓励民间资本以及外来资本参与投资，加大资金投入力度，加快建设道路交通、水利、电力、通信设备等基础设施，从而打开畜产品的流通市场，促进畜产品的快速流通，最终达到降低生产资料成本、增加牧户收入、提高消费水平、优化消费结构、改善生活质量的目的。

3. 完善牧区社会保障体系

牧民家庭文教娱乐、医疗保健状况不容乐观。牧区居民家庭一般都是独居，户与户之间相隔较远，离苏木、旗镇的距离更远，这不仅对牧区文教娱乐事业不利，还对牧民的健康不利。牧区医疗设施短缺，医疗队伍单薄，除苏木（镇、乡）设有医院或卫生室外，嘎查（村）尚不具备就医救治条件，牧民一旦生病很不方便。去就医，很多牧民盲目买药对付，或者能忍则忍，使小病变为大病。

解决以上两方面问题，首先政府要按照新牧区建设和文化大区发展的要求，积极推动草原牧区文化娱乐事业的快速发展，如加强嘎查（村）文化站建设，定期举办那达慕以及组织开展各种竞技、表演等活动。其次政府或医疗机构可以通过组织大型的宣传活动、牧民培训活动，使牧民了解潜在的疾病风险和参加合作医疗的必要，大力提高牧民医疗保健意识；通过增加投资大搞基础设施建设，整治医疗环境，改善住院条件，购置或引进先进医疗设备和医疗器材，为新型牧区合作医疗发展提供良好的物质基础；加强医务人员的专业培训，提高医疗服务人员的业务水平和综合素质，高度重视高学历、高技能人才的选拔和引进。

4. 改善牧区消费环境

牧民一般都生活在牧区，居住比较分散，要想实现牧区基础设施建设全覆盖非常困难，然而，长期以来由于对牧区的水、电、暖、交通、通信等基本生活设施的不够重视，加重了牧民的用水、用电等困难，导致部分牧区的各种基础设施建设不能满足牧民消费耐用品的需求。目前由于绝大多数牧户对交流电需求尚未得到满足，不得不使用风力发电机或太阳能发电设备，这些设备由于功率小不能满足冰箱、洗衣机、空调等家电运行的要求。因此，牧区基础生活消费市场的设施建设应引起国家的高度重视。近些年来，国家和自治区逐渐意识到牧区消费市场的重要性，逐渐加大了对牧区基础设施的建设力度，尤其是对水、电、暖、道路以及信息网络等基本生活设施的建设，并且不断降低牧区的用电价格，使牧区居民能用得上电、用得起电，完善了牧区的消费市场，同时也改善了牧民的生活质量。

另外，农畜产品既是牧民获得收入的重要财产，也是牧民消费市场的重要商品，因此，加强牧区农畜产品流通市场体系的建设非常重要。要充分发挥市场和政府的双重引导作用，既要发挥市场这只无形的手的价格调节机制，也要发挥政府这只有形的手的政策引导作用，解决市场信息不对称等造成的农畜产品交易不顺畅的问题，搞活农畜产品的市场流通，从而促进畜牧业市场的健康发展。

## 第四节　对生态环境领域的对策建议

自改革开放以来，市场化在牧区快速推进，整个过程同时也是草原生态系统被加速利用的过程。在这个过程中，生态环境被破坏、区域发展不均衡以及城乡差距加大成为现实中的问题。本书系统分析了内蒙古自治区牧区经济社会发展和环境保护政策之间的关系，提出生态减贫的具体政策建议为推进包容性增长、加大生态补偿力度、加快产业结构调整升级。

## 一、推进包容性增长

一方面，内蒙古自治区区域经济发展不平衡。区域经济发展各项指标呈现出中部遥遥领先，西部较高，东部落后的格局，区域之间差距较大。而且，内蒙古自治区东中西区域间差异正逐渐成为区域经济发展不平衡的主导因素，虽然区域内差距对总差距的贡献率呈减小趋势，但仍然贡献了总差距的一半以上，其作用不容忽视。要树立强化经济发展、生态保护与牧民增收“平衡”的系统观念。正确处理好经济发展与生态保护、牧民增收的关系，应对以上诸多要素系统思考，全面统筹。用发展的办法保护生态，在保护和发展中实现增收，用增收促保护。把“资源节约、环境友好”的理念贯穿于资源开发的始终，坚持“在保护中开发，在开发中保护”，实现美丽、发展、富裕共赢。对内蒙古自治区牧区经济发展和环境保护、恢复要给予必要的财力支持，并通过导向性政策的扶持作用，让民族区域经济发展形成可持续的具有地域优势的特色产业链。另一方面，城乡居民收入差距拉大。内蒙古自治区农民人均纯收入绝对值低于牧民人均收入绝对值，两者都远远低于城镇居民可支配收入绝对值，且城乡收入绝对值的差距逐年扩大。更重要的是，经济增长带来的收益未能普惠城乡居民。1982～2014年的全部33年中，有23年财政收入的变动超过了生产总值的变动，仅有10年城乡居民的收入变动超过了生产总值的变动。这表明经济发展水平提高带来的收益，在财富分配过程中更多地被财政获得，而城乡居民的收入增长从经济发展中获益有限，经济增长未能同比例地促进城乡居民收入提高。从收入的民生指数中可以发现同样的结论，1982～2014年的全部33年中，仅有4年城镇居民的收入变动超过了财政收入的变动，仅有6年农民的收入变动超过了财政收入的变动，仅有9年牧民的收入变动超过了财政收入的变动。财政对民生的普惠程度远远不够，在经济建设中加强民生建设，加大对牧民的各项补贴任重而道远。

强化生态建设中的综合效益观念。变“花钱养人”为“项目发展人”。要改变一直以来分部门实施的做法，如林业、水利、农牧等部门各自为政，各干各的，部门分散投资综合效益低。建议将目前生态建设补偿中大部分资金捆绑做成项目，在贫困地区可与扶贫开发联动，让牧民参与项目建设并从中持续受益，变“输血”为“造血”，实现经济、社会、生态综合效益，实现人的全面发展。为生态建设建立专项资金，部门配合总体实施，实施一批草原建设和保护项目。加大生态项目支持力度，对重点生态功能区和水源涵养区实行抢救性保护，切实维护草原生态安全。可比照奖励粮食生产大县、生猪大县的做法，为国家生态安全做重要贡献的生态大县予以补贴奖励。

确保完成节能减排任务。继续强化节能减排责任目标的落实和考核工作，加大对重点地区和重点行业经常性节能减排检查力度，综合运用行政、经济、工程、技术等措施，深入推进节能减排工作。合理控制能源消费总量，全面加强用能管理，抓好工业、交通、建筑和公共机构等领域的节能工作，对电石、铁合金等高耗能产品用电量实行“零增长”。开展主要污染物排污权有偿使用和交易试点，加强对高排放行业的总量控制和监督检查。抓好节能减排示范工程和新产品、新技术、新设备的推广应用，实施森林草原固碳增汇技术示范工程。

## 二、加大生态补偿力度

收入方面，牧业收入仍是牧民最主要收入来源，而牧业收入与牲畜存栏量密切相关，牲畜存栏量越多，相应的牧业收入就越多。然而草场的载畜能力是有限的，牲畜存栏量不可能无限制增长。一方面一部分牧户为了提高收入，增加了牲畜的存栏量，危害草场的健康，这种增收的模式是不可持续的；另一方面一部分牧户执行了休牧、禁牧的草原生态保护政策，减少了超过草场载畜量的牲畜规模，但由此带来的收入减少没有得到足额的补偿。锡林郭勒盟的调研显示，生态补偿力度直接决定了牧民参与生态环境保护的积极性。然而现有补贴政策无论在补偿额度上还是在补偿年限上，都无法弥补牧民因为休牧、禁牧带来的牧业收入减少，在一定程度上还加剧了牧区人民的贫困程度。与牧业收入相比，补贴只占很小一部分，激励牧民参与生态保护的空间很大。应该加大畜牧业生态补偿力度，弥补牧民因生态保护政策造成的牧业收入减少，调动牧民参与禁牧、休牧的积极性。

强化资源开发与保护中的生态观念。在资源开发时，应尊重自然和生态，密切关注民生，兼顾各方利益，维护少数民族群众切身利益。水资源是基础性自然资源和战略性的经济资源，是草原生态的命脉。开发中要充分考虑水资源承载能力和水环境承载能力。管理中要科学统筹，开发与利用节约保护并重。坚持以水定项目，决不允许利用地下水发展煤化工、矿产品采选冶炼等高耗水工业。建立健全水资源管理的监督约束机制。对水资源的保护应打破行政区域界限，由水利部门统筹协调，实现对同一水系的合理利用和有效保护。避免不同行政区域恶性过度开采，出现“公共牧场”悲剧。矿产资源开发中，应充分体现对资源地重点倾斜和补偿的原则，适度提高资源地资源税赋比重。只有充分尊重自然，对整个生态系统的和谐与平衡负起责任，才能建立一种合理协调、共融共通的关系，实现经济发展、社会进步、生态保护、牧民增收的和谐统一。健全和落实生态补偿机制，抓好生态严重退化地区的移民工作，促进生态自我修复。加强自然保护区、生态功能区和草原、林地、湿地、沙地保护，严禁超载过牧、乱垦滥伐。以主要城市空气污染治理、污水和垃圾处理为重点，加强城市环境综合治理。做好重点流域水污染和重金属污染防治工作，保护好集中饮用水水源地。加大地质勘探、地质环境保护与治理恢复力度，如期完成煤田火区治理任务。

提高资源综合利用水平。进一步完善环境与发展综合决策机制，认真落实资源开发利用总体规划，切实加强对土地、草原、森林、水和矿产资源的有序开发与合理利用。不断健全和完善煤炭资源配置政策，从严控制和规范资源配置。科学开发、合理利用水资源，实行最严格的水资源管理制度，严禁开采地下水建设高耗水工业项目。千方百计盘活土地存量，全面清理闲置土地，提高土地利用率和供地率。围绕煤炭、电力、化工、冶金、建材等重点行业和特色产业，积极构建循环经济产业链，加强高铝粉煤灰资源开发利用，抓好共伴生矿、煤层气和煤矸石、尾矿及林业剩余物综合利用项目，加快循环经济产业集群建设。加大稀土资源保护力度，提高开发利用水平。继续推进资源型城市可持续发展。

## 三、加快产业结构调整升级

总体来看，内蒙古自治区的发展长期依靠资源禀赋的比较优势，形成了以能源、化工、冶金、机械装备等资金密集型企业为支柱的产业结构，三次产业结构中第二产业所占比重最大。经济发展主要是通过第二产业的快速发展拉动的，一方面是依靠固定资产的投入，另一方面又以消耗大量的能源为代价。内蒙古自治区的企业技术创新、改造能力小，综合能耗长期居高不下，经济发展对资源的依存度越来越大。而资源是有限的，对经济发展的支撑能力也是有限的，长此下去资源的有限性和经济发展的无限性势必产生尖锐的矛盾。内蒙古自治区应该以能源战略为依托，转变工业粗放的发展方式，发展高附加值的高新技术产业。

内蒙古自治区牧区工业化进程的道路是非常粗放的。改革开放以来，内蒙古自治区盟市旗县各级政府为吸引投资，在土地、税收等方面实行了一系列优惠政策，一批受投资利益驱使，建设周期短、投资回收快的高耗能项目蜂拥而来。相当一部分以当地资源为原料的加工企业经营粗放、工艺落后，工业结构性污染突出。更加值得反思的是，这些高耗能产业因是私企大多使用外地民工，在解决当地就业和提高当地人民收入水平方面发挥的作用大打折扣，只留下固定资产投资、招商引资和地区生产总值增加的政绩。

畜产品加工业是内蒙古自治区的支柱产业，发展畜产品深加工，可以提高牧业生产的附加值，带动牧区经济的发展。但是，首先，由于内蒙古自治区草原畜牧业生产发展比较落后，丰富的草原畜牧业资源优势发挥不出来，畜牧业生产手段、技术和方式单一落后，劳动生产率低，产生的经济效益不高。同时，牧民对草原畜牧业以及草地的经营管理水平低，科学的划区轮牧的方式在牧区没有大面积推广，多数牧民仍旧是以传统的游牧为主。其次，牧区基础设施落后生产设施不足，机械化水平低，生产效率低下。生态减贫发展必须调整牧区产业结构，发展畜产品加工产业，实现牧区畜牧业就地产业化。这不仅可以增加当地牧民的就业，而且通过拓宽牧民的收入渠道提高牧民畜牧业收入的份额。另外，产业结构的转变也会给草原生态环境的保护和恢复带来积极的影响。强化政府领导班子、领导干部考核中的科学考评观念。完善领导班子、领导干部综合考评体系，调整指标体系及其权重，将经济指标重点放在经济发展的质量和效益的考评上，加大保护环境、改善民生等方面指标的权重，包括教育、医疗、就业、社会保障、收入水平、社会稳定、群众认可度、生态环境保护等。

# 第五章

# 内蒙古自治区牧区<br>民生发展指标体系构建

## 第一节　评价指标体系构建的原则

评价指标体系是建立在某些原则基础上的指标集合，它是一个有机的整体，而不是一些指标的简单组合。指标体系的构建，要以科学发展观为指导，尽可能涵盖科学发展观的核心内容，使其既能体现目前中国牧区发展水平与现状，又能反映牧区发展的动态变化。

根据中国牧区经济社会发展的特点和科学发展观的要求，指标体系的构建应遵循以下几点原则：

### 一、针对性与可比性相统一的原则

我国牧区是一个具有特殊历史条件和自然资源环境的地区，不同于我国的其他地区。因此，指标体系的设计必须体现牧区经济社会发展的特点。同时，指标体系应当考虑不同时期的动态对比以及不同地区的空间对比要求，考虑历史资料的搜集、对比和未来发展趋势，要注重时间、地点和适用范围的可比性，需“瞻前顾后”，以便于进行纵向和横向比较。

## 二、系统性与层次性相统一的原则

民生问题是一个综合性的概念，它包括政治、经济、社会、生态等各个方面的内容，这些方面相互联系，构成一个有机的整体，因此在构建民生问题指标体系时需要把民生问题作为一个系统性问题来分析，使该指标体系具有高度的系统性和概括性。首先是要有足够的涵盖面，指标体系中所包含的指标应该能够反映民生问题各个方面的内容，从而对民生问题有一个较为全面的概括。其次，各指标既要有一定的内在联系，又要有一定的区别。它们的内在联系表现为具有共同的本质特征，即都能反映民生水平。把这些反映民生水平的不同指标进行分类，形成多个子系统，再把这些子系统结合在一起，便构成了民生问题的整体系统。

实现科学发展观指导下的牧区可持续发展是一项复杂的系统工程，它由不同层次、不同要素组成，既有人类社会本身也包括与人类活动有关的各种基本要素、关系和行为。因此，可根据这些基本要素、关系和行为的特点，把科学发展观指导下的牧区发展系统划分为全面发展、协调发展和可持续发展三个基本子系统，这三个子系统既相互联系，又相对独立。同时，各子系统又由多种要素组成。因此，体现科学发展观要求的牧区发展评价指标体系的构建也是由相应的三个子系统构成，各子系统内又由各种要素指标构成。

## 三、科学性与实用性相结合的原则

指标评价体系的构建要严格按照科学发展观的内涵，能够对可持续发展的数量和质量做出合理的描述。另外，指标要尽量少而精，而不必面面俱到。指标体系的建立尽可能做到计算方法简便，容易掌握，即使用常规的或已被人们广泛使用的计算方法。在指标数据的采集上，尽可能使用统计资料中能提供的数据或通过简便计算便可获得的指标数据，做到通俗易懂，便于使用和推广。

指标的设计必须符合当前的实际情况，并能够为实现政府的战略目标服务，且具有极强的时效性和目的性。为了使我国尽快解决民生问题，在某些方面达到发达国家水平，我们必须认真分析当前社会发展的形势和趋势，找出我国落后于发达国家的关键性因素，使民生问题指标体系具有现实性和战略意义。同时，在建立指标体系时，要考虑我国农村地区人口多，基础设施薄弱，发展不平衡的现状，选择指标时，既不能过时，也不能超前，只有符合我国农村地区的实际情况建立的指标体系，才能适合民生的需要。

## 四、全面性与可操作性相结合的原则

评价指标体系作为一个有机整体是多种因素综合作用的结果，所以指标体系必须反映影响因素的全貌，即设计的指标体系要全面涵盖科学发展观所包含的全部内涵，真正体现“以人为本”。同时，要注意可操作性，即指标体系的各项指标因素必须概念明确，内容清晰，能够实际计量和测算，以便进行定量分析。对于抽象的分析概念或理论范畴不作为指标引入体系，对现阶段还无法实际测定的指标也暂时不予考虑。建立指标体系的目的就是要有效地进行实际应用分析，选取的指标必须具有可度量性，并具备相应的数据支持，不能片面地追求理论上的完美。指标的可度量性，更严格地来说还包括指标数据的连续性，因为在衡量社会发展水平时，通常都要进行连续测量，以找到评价事物的发展趋势。

## 五、综合性原则

体现科学发展观要求的牧区发展问题，可以从很多角度来反映，如果从每一个角度确定评价指标体系是不现实的甚至也是不必要的，那么只能根据体现科学发展观要求的关键问题，选择有代表性的综合指标进行评价。指标必须简洁易懂，并且容易从已有的信息资源中获取。同时，由于每个指标只能反映牧区发展的一个侧面，为了得到评价的统一量化，还需要用科学的方法对多个指标进行综合处理。影响牧区发展的因素众多，尽可能将那些较为重要的影响因素恰当地引入指标体系中，并将其分门别类、划分层次，以便于分析研究。

应该特别说明的是，对体现科学发展观要求的牧区经济社会发展综合评价指标体系的研究，本身是一个不断完善、不断发展的过程。这不仅是因为研究方法需要逐步完善，而且随着社会经济条件的变化，往往会不断产生和提出一些新的发展问题，从而要求指标体系能够给予适当反映。从这一点来说，倘若追求指标体系的尽善尽美，成为一种绝对全面、客观的测度，那将是不现实的，也是无益的。我们应当把它作为考察和分析现实中牧区发展可能存在问题的有用工具，从而引导牧区向科学的方向发展。

### 六、以人为本原则

传统的发展观把更多的注意力集中在物质财富的增加、速度增长等方面，是以经济增长为中心的。无疑，经济增长是重要的，但是，经济增长的目的是人的发展，为了提高人民的生活水平。发展是一个无限延续的、连续的过程，是多元的，既包括经济增长，也包括社会、科技、生态环境的建设与发展，它们互相促进，互相联系。归根结底，一切发展是为了人，为了满足人的基本需要，不仅是衣、食、住、行、学、玩等生存生理需要，而且包括生态环境需求和精神心理需求。这是21世纪的以人为本的现代发展观。评价民生问题解决的进展情况指标体系，必须体现以人为本的思想。

## 第二节　体现牧区民生发展特点的评价指标体系构建

牧区民生发展的指标体系构建就是结合自治区牧区民生发展的特点，根据民生发展的内涵，其包括民众的生存和生活状态以及发展机会、发展能力和权益保护的状况，民生发展的外延是经济社会大系统的要素。

在民生发展指标体系中，牧区人民的教育文化、消费、休闲娱乐、社会管理是属于民生社会发展部分；牧区的民生公共服务、基础建设、养老医疗属于民生保障部分；牧区民生生态环境即指牧区生态环境保护与建设方面；民生经济包含牧区人民的就业、收入、科技水平、财政补贴情况。

结合合理发展牧区民生的相关政策文件的思想，在参照诸多地区民生发展评价指标体系、循环经济指标体系、十个全覆盖等不同模型，运用层次分析法的基本思想，构建了由“目标层—准则层—子准则层—指标层”四个层次的科学发展指标体系，如图5－1所示。

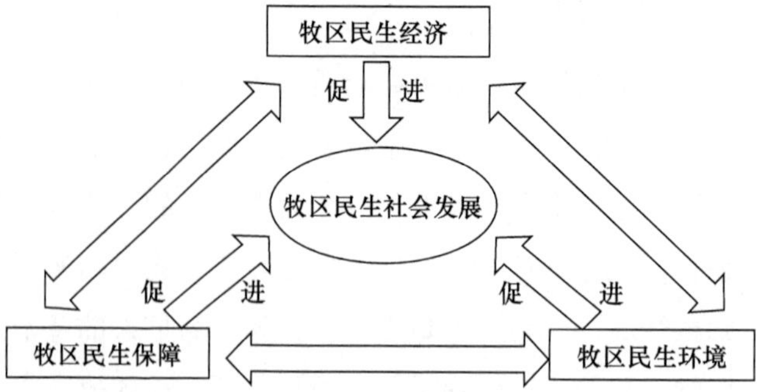


图 5－1 "三促进一发展"的牧区民生发展指标体系

## 一、目标层

牧区民生发展指标体系，代表了牧区人民整体的生存和生活状态以及发展机会、发展能力和权益保护的状况，是衡量牧区人民生活状态的一个全面综合的评价指标体系。在此，我们确立了评价牧区民生指标评价体系，实现牧区民生经济、牧区民生保障、牧区民生环境、牧区民生社会发展这四个目标层的和谐发展。

## 二、准则层

将牧区民生发展，按照科学发展观的内涵——坚持以人为本，实现牧区民生经济、保障、社会、环境的全面、协调、可持续发展，在相应的目标层下分别划出了能反映目标层的准则层。反映牧区民生经济问题的是就业、牧区居民收入、政府补贴和科技创新能力；反映民生社会发展的是文化教育、消费、休闲娱乐和社会管理；反映牧区民生保障的是健康医疗、公共服务和基础设施；牧区民生环境指的即是牧区生态环境。

## 三、子准则层

在准则层下设置了子准则层，以使构建的牧区民生指标体系更加清晰。每个准则层下面均涵盖了不同的方面，子准则层的设置要做到角度全面、清晰，保证能够体现准则层的所有内容，同时也为指标层的设置与筛选提供了参考。

## 四、指标层

参照其他相关评价指标体系，对其所使用的指标进行频度统计，结合中国牧区的实际，指标层基本从本质上反映、揭示状态的行为、关系、变化等的原因和动力，然后对指标进行筛选，选取的指标如表 5 - 1 所示。

**表 5 - 1　牧区民生发展指标体系**

| 目标层 | 准则层 | 子准则层 | 指标层 |
| --- | --- | --- | --- |
| 牧区民生经济 | 就业 | 就业水平 | 就业率、就业增长率、失业率 |
| | | 就业条件 | 工作时长、生产安全事故情况、职业病发病情况 |
| | | 就业环境 | 劳动市场供需差、预期工资与实际工资之差 |
| | 牧区居民收入 | 收入水平 | 人均可支配收入、就业人员工资、担负人口情况、储蓄率 |
| | | 收入增长 | 人均可支配收入增长率、就业人员工资增长率 |
| | | 收入分配 | 基尼系数、收入最高和最低行业平均工资差异 |
| | | 收入结构 | 生产经营性收入比重、工资收入比重、政策性收入即转移支付（包括社保补贴、科教文卫补贴、生产性补贴、生态补贴）比重、租赁投资收入 |
| | 科技创新能力 | 创新水平 | 科技人员平均专利授权数、科技人员平均论文发表量、企业新产品产值占比 |
| | | 资金投入 | 人均 R&D 经费支出、R&D 支出占 GDP 比重、R&D 经费增长率 |
| | | 人员投入 | R&D 人员占从业人员比重、人均 R&D 项目人员全时当量及增长率 |
| | | 创新环境 | 知识产权保护、政府采购先进技术产品 |
| 民生社会发展 | 文化教育 | 教育水平 | 成人识字率、平均受教育年限、中小学入学率、双语水平率 |
| | | 教育环境 | 初等教育师生比、中等教育师生比、科学教育水平 |
| | | 教育支出 | 公共教育支出占 GDP 比例、居民人均教育支出、人均公共教育支出 |
| | | 职业教育 | 雇员培训、牧区劳动力实用技术培训人数比重、中高等职业教育师生比 |

续表

| 目标层 | 准则层 | 子准则层 | 指标层 |
| --- | --- | --- | --- |
| 民生社会发展 | 消费 | 消费水平 | 居民最终消费支出、家庭消费支出占 GDP 比例 |
| | | 消费结构 | 居民家庭恩格尔系数、居民文化消费、通信费用、社会保障缴款率 |
| | | 住房消费 | 建、租房支出与收入比、居民家庭人均住房面积、房屋设施支出 |
| | | 消费压力 | 居民价格指数、食品价格指数、居民消费价格指数、商品零售价格指数、价格上涨速度 |
| 民生社会发展 | 休闲娱乐 | 休闲时间 | 旅游时间、餐饮购物时间、文化娱乐时间、体育健身时间、节日文化娱乐时间（体现民族性） |
| | | 休闲设施 | 文化娱乐设施、体育健身设施、社交设施、闲暇的交通工具拥有量 |
| | | 休闲支出 | 文化娱乐支出、体育健身支出、旅游支出、餐饮购物支出 |
| | | 休闲服务 | 文化娱乐场馆接待人数、体育健身场馆接待人数、餐饮购物行业盈利情况 |
| | 社会管理 | 制度水平 | 法律框架、劳动法有效性、竞争法有效性、环境法有效性（法律的完善程度） |
| | | 管理水平 | 政府决策有效性、经济和社会改革有效性、政府透明度 |
| | | 管理投入 | 政府行政费用、财政支出、社会事务支出、金融监管等事务支出 |
| | | 社会环境 | 社会凝聚力/社会责任感、社会价值观/民族文化、贪污腐败现象、稳定性、治安情况 |
| 牧区民生保障 | 健康医疗 | 健康水平 | 出生时期预期寿命、婴儿死亡率、主要传染病并发率、地方病 |
| | | 设施人员 | 医院和卫生院床位数、每位医生和护士服务病人数、社区卫生服务机构人员学历 |
| | | 老幼保健 | 老年人患病情况、生活自理情况、儿童疾病情况、生长发育情况、预防接种情况 |
| | | 健康支出 | 健康公共支出占健康总支出比重、居民人均健康支出、人均健康经费支出增长率 |

续表

<table>
<tr><th>目标层</th><th>准则层</th><th>子准则层</th><th>指标层</th></tr>
<tr><td rowspan="8">牧区民生保障</td><td rowspan="4">公共服务</td><td>社保水平</td><td>人均保险福利费、养老金占收入比重、最低生活保障救助标准与消费支出比、人均医保费用</td></tr>
<tr><td>覆盖范围</td><td>社保覆盖率、基本医疗保险覆盖率、养老保险覆盖率、失业保险覆盖率、工伤保险覆盖率、社会救济覆盖率</td></tr>
<tr><td>福利设施</td><td>福利院床位、街道社区服务设施、养老院覆盖率</td></tr>
<tr><td>社保支出</td><td>社会保障支出占 GDP 之比、财政支出中社会保障支出比重、养老金收支差、残疾人保障支出占比</td></tr>
<tr><td rowspan="4">基础设施</td><td>设施水平</td><td>水运/陆运/空运能力、城市拥有公交车辆情况、人均宽带带宽、能源基础设施有效</td></tr>
<tr><td>覆盖范围</td><td>铁路网/公路网密度、人均城市道路面积、牧区用水普及率、城市燃气普及率、城市排水管道密度</td></tr>
<tr><td>使用情况</td><td>主要航空公司运载乘客数、每千人宽带用户、每千人移动电话用户、人均邮电业务量</td></tr>
<tr><td>投入维护</td><td>交通运输支出、城市维护建设税、资源勘探电力信息等事务支出、基础设施维护费</td></tr>
<tr><td rowspan="4">牧区民生环境</td><td rowspan="4">牧区生态环境</td><td>环境资源</td><td>人均草地面积、草原退化率、人均水资源量、人均耕地面积、森林覆盖率、荒漠化治理率、生物多样性</td></tr>
<tr><td>环境质量</td><td>空气质量/主要径流断面水质、集中式饮用水水源地水质、地表水与地下水水质</td></tr>
<tr><td>使用排放</td><td>单位 GDP 用水量、能耗、生活用水量、生活污水排放</td></tr>
<tr><td>环境治理</td><td>牧区生活垃圾无害化/生活污水/工业废水处理情况，环境污染治理投资、节能保护支出</td></tr>
</table>

资料来源：胡繁印．民生问题的指标体系构建与评价分析［D］．东北林业大学硕士学位论文，2010.

1. 体现牧区民生经济发展指标

所谓民生经济发展，不仅是经济总量的不断增长，产业结构的不断演进，牧区居民的收入增长，而且也是促进民生和谐发展的重要推动力。在具体构建时，我们选取了就业、牧区居民收入、科技创新能力作为准则层。

指标选取经过具体的考核与分析，体现牧区就业情况的具体指标有就业率、就业增长率、失业率、工作时长、生产安全事故情况、职业病发病情况、劳动市场供需差、预期工资与实际工资之差等；体现牧区居民收入情况的指标有人均可支配收入、就业人员工资、担负人口情况、储蓄率、人均可支配收入增长率、就业人员工资增长率、基尼系数、收入最高和最低行业平均工资差异、工资收入比重等；体现政府补贴情况的指标有社会保障和就业支出占财政支出的比重、科教文卫支出占财政支出的比重、环境保护支出占财政支出的比重、公共安全支出占财政支出的比重等；体现科技创新能力的具体指标有科技人员平均专利授权数、科技人员平均论文发表量、企业新产品产值占比、人均研究与开发（R&D）经费支出、研究与开发支出占 GDP 比重、研究与开发经费增长率、研究与开发人员占从业人员比重、人均研究与开发项目人员全时当量及增长率、知识产权保护、政府采购先进技术产品等。

2. 体现牧区民生社会发展指标

坚持以人为本，就是要以实现人的全面发展为目标，从人民群众根本利益出发谋发展、促发展，不断满足人民群众日益增长的物质文化需要、切实保障人民群众的经济、政治和文化权益，让发展的成果惠及全体人民。

社会发展水平从文化教育、消费、娱乐休闲、社会管理几个方面选取指标。体现文化教育的具体指标有成人识字率、平均受教育年限、中小学入学率、双语水平率、初等教育师生比、中等教育师生比、科学教育水平、公共教育支出占 GDP 比例、居民人均教育支出、人均公共教育支出、雇员培训、牧区劳动力实用技术培训人数比重、中高等职业教育师生比等；消费情况的指标有居民最终消费支出、家庭消费支出占 GDP 比例、居民家庭恩格尔系数、居民文化消费、通信费用、社会保障缴款率、租房支出与收入比、居民家庭人均住房面积、房屋设施支出、居民价格指数、食品价格指数、居民消费价格指数、商品零售价格指数、价格上涨速度等；体现休闲娱乐的具体指标有旅游时间、餐饮购物时间、文化娱乐时间、体育健身时间、文化娱乐设施、体育健身设施、社交设施、闲暇的交通工具拥有量、文化娱乐支出、体育健身支出、旅游支出、餐饮购物支出、文化娱乐场馆接待人数、体育健身场馆接待人数、餐饮购物行业盈利情况等；体现社会管理情况的具体指标有法律框架、劳动法有效性、竞争法有效性、环境法有效性、政府决策有效性、经济和社会改革有效性、政府透明度、政府行政费用、财政支出、社会事务支出、金融监管等事务支出、社会凝聚力/社会责任感、社会价值观/民族文化、贪污腐败现象等。

3. 体现牧区民生保障指标

体现基础设施的主要指标有人均道路面积、用水普及率、燃气普及率、排水管道密度、主要航空公司运载乘客数、每千人宽带用户、每千人移动电话用户、人均邮电业务量、交通运输支出、城市维护建设税、资源勘探电力信息等事务支出等；体现健康医疗情况的指标有医院和卫生院床位数、每位医生和护士服务病人数、社区卫生服务机构人员学历、老年人患病情况、生活自理情况、儿童疾病情况、生长发育情况、预防接种情况、健康公共支出占健康总支出比重、居民人均健康支出、人均健康经费支出增长率等；反映公共服务情况的具体指标有人均保险福利费、养老金占收入比重、最低生活保障救助标准与消费支出比、人均医保费用、社保覆盖率、基本医疗保险覆盖率、养老保险覆盖率、失业保险覆盖率、工伤保险覆盖率、社会救济覆盖率、福利院床位、街道社区服务设施、养老院覆盖率、社会保障支出占 GDP 之比、财政支出中社会保障支出比重、养老金收支差、残疾人保障支出占比等。

4. 体现牧区民生环境指标

科学发展观强调协调发展，追求人与自然的和谐、人与人关系的优化，协调社会各个领域如经济、社会、生态的和谐统一。可持续发展的核心思想是在经济发展的同时，注意保护资源和改善环境，使经济发展能持续进行下去，也就是从纵向关系对发展的一种把握。

在科学发展观“五个统筹”的要求下，我们选取反映经济社会协调、人与自然协调、人与环境和谐发展的指标。我国的牧区，人与草原生态环境的矛盾突出，所以，设置了人均草地面积、草原退化率、人均水资源量、人均耕地面积、森林覆盖率、荒漠化治理率、生物多样性、空气质量/主要径流断面水质、集中式饮用水水源地水质、地表水与地下水水质、单位 GDP 用水量、能耗、生活用水量、生活污水排放、牧区生活垃圾无害化/生活污水/工业废水处理情况、环境污染治理投资、节能保护支出等指标来反映牧区民生环境。

# 第三节　评价指标权重的确定

## 一、确定评价指标权数的方法介绍

在综合评价实践中可运用多种确定指标权数的方法，如德尔菲法、层次分析法等。其中层次分析法既集中了专家的意见和看法，又利用相应的数学工具对专家的意见进行处理，因而具有较强的客观性。

1. 德尔菲法

德尔菲（Delphi）法又称专家规定程序调查法。它是以古希腊城市德尔菲命名。主要是由调查者拟定调查表，按照既定程序，以函件的方式分别向专家组成员征询调查，专家组成员又以匿名的方式交流意见，经过几次的征询和反馈，专家组成员的意见将会逐步趋于集中，最后获得具有很高的准确率的集体判断结果。具体操作方法是先请每位专家为各项指标打分；然后，将若干名专家的意见集中起来，求出每个指标权重的均值和方差。由于各位专家对同一指标重要程度的看法不尽相同，通过对方差的分析，可以了解全部专家意见的分散程度。如果第一轮调查结束后，发现专家们的意见分散程度过大，则可以进行下一轮甚至多轮的调查，直至专家们意见接近一致；最后，选择最终各个专家打分的均值作为指标的权重。在实际操作中，各专家的打分一般是匿名进行的，即各个专家之间并不知道对方也在接受该项目的咨询，从而避免因为专家之间相互沟通而降低结论的客观性。这一方法简单实用、便于推广，是目前多指标评价中使用较多的赋权方法。

2. 指标两两比较法

与德尔菲法类似，指标两两比较法也是邀请多名专家为各项指标进行打分，所不同的是专家无须给出各个指标精确的权重系数值，只需对同一层次上各个指标对总目标的重要程度进行排序即可，并给出各个指标两两相比后重要性的比值系数。最后，经过对每位专家所给出的比值系数进行简单计算，即可得出各指标的权重值。

3. 变异系数分析法

变异系数反映了各项指标数值的差异程度。如某项指标的各个数值差异越大，则意味着该指标发展越不稳定，从而对实现预期目标的把握性越差，在构建和谐社会过程中就应给予较多的关注，因而赋予较大权重；反之，若某个指标差异很小，则意味着该指标发展较为稳定，实现预期目标的把握较大，给予的关注就可以少一些，因而所赋权重就小。这里的差异包括纵向和横向两方面内容，即时间序列数据和截面数据都可以作为确定权重的依据，但由于本书的截面数据样本量太小，而且分析差异又没有任何意义。

4. 层次分析法

层次分析法（the Analytic Hierarehy Proeess，AHP）是美国匹兹堡大学著名运筹学家萨迪博士于20世纪70年代初提出来的，其基本观点是将复杂的评价问题分解成不同层次的子系统，并对各指标应用两两比较法进行分层优化处理，在众多的指标中提取公共因子进行体系构建。“运用AHP法能够比较有效的整理和综合人们的主观判断，可以把一个复杂的问题表示为一个有序的递阶层次结构来处理评价过程中的定性与定量因素”。由此可知，层次分析法是一种系统结构分析方法，也是一种科学决策方法，它把定性分析与定量分析结合起来，可解决定性分析和定量分析单独不能解决的问题。层次分析法的运用，使构建的民生问题指标体系简洁明了，结构清晰，大大增强了其可操作性。

## 二、评价指标权数的确定

本书的牧区民生发展指标体系中，由于各指标的影响因素不同，有些可以通过统计方法获取，有些指标值则采取专家评分法。对这样的评价问题，运用模糊数学的方法（简称FCE）可以得到较好的解决，用FCE方法对牧区民生发展的指标体系的评价内容和步骤如下：

首先，建立专家库。我们从中国牧区分布的高等院校、研究院所、知名企业、地方政府机构或部门，选择数十位专家。其次，随机从选定的专家库中抽取五位专家，让他们为我们已经建立的牧区民生发展指标体系的准则层指标、子准则层指标和具体评价指标分别赋予相应的权数。

用 $W_i=(i=1,\ 2\cdots,\ n$。$n$ 为准则层目标的个数)表示每位专家分别就各个准则层目标赋予的权数，且满足：

$$\sum_{i=1}^{n} W_i = 1 \tag{1}$$

用 $a_{ij}(j=1,\ 2,\ \cdots,\ m$。$m$ 为该准则层目标下子准则层指标的个数)表示第 $i$ 个准则层目标下的第 $j$ 个子准则层的相对权数，且满足：

$$\sum_{j=1}^{m} a_{ij} = 1 \tag{2}$$

第 $i$ 个准则层目标下的第 $j$ 个子准则层指标的实际权数 $b_{ij}$ 通过式(3)计算得出，且满足式(4)。

$$b_{ij}=a_{ij}\cdot W_i \tag{3}$$

$$\sum_{j=1}^{m} b_{ij} = W_i \tag{4}$$

用 $c_{ijk}(k=1,\ 2,\ \cdots,\ q$。$q$ 为该子准则层指标下的具体评价指标个数)表示第 $i$ 个准则目标第 $j$ 个子准则层指标下的第 $k$ 个具体评价指标的相对权数，且满足：

$$\sum_{k=1}^{q} c_{ijk} = 1 \tag{5}$$

表示第 $i$ 个准则层目标第 $j$ 个子准则层指标下的第 $k$ 个具体评价指标的实际权数 $d_{ijk}$ 通过式(6)计算得出，且满足式(7)、式(8)。

$$d_{ijk}=c_{ijk}\cdot b_{ij} \tag{6}$$

$$\sum_{k=1}^{q} d_{ijk} = b_{ij} \tag{7}$$

$$\sum_{j=1}^{m}\sum_{k=1}^{q} d_{ijk} = W_i;\ \sum_{i=1}^{n}\sum_{j=1}^{m}\sum_{k=1}^{q} d_{ijk} = 1 \tag{8}$$

## 三、三个准则目标权重的确定

为了使专家意见的筛选更为科学，从而使指标权重的确定更为合理，需要对多个专家所赋予的权重进行分析和权重修订。

用 $w_{ik}$ 表示第 $k$ 位专家对第 $i$ 个准则层目标所赋予的权重。$n$ 为准则层目标的个数，$p$ 表示准则层人数。则用层次分析法得出的权重矩阵如下：

$$W=\begin{matrix} w_{11} & K & w_{1n} \\ M & O & M \\ w_{19} & L & w_{pn} \end{matrix} \tag{9}$$

将五位专家给牧区民生经济、牧区民生社会发展、牧区民生保障、牧区民生环境四个准则目标赋予的权重代入式(9)，即可得到具体的权重矩阵。

为判断各位专家所给权重的离散程度，需要计算各权重之间的相关系数，并由此构成相关矩阵。用 $R_{ij}$ 表示专家与专家权重的相似程度，显然 $R_{ij}=1$，$R_{ij}=R_{ji}$。

$$R_{ji} = 1 - \sqrt{\frac{1}{n}\sum_{k=1}^{n}(W_{ik} - W_{jk})^2} \tag{10}$$

$$R = \begin{matrix} R_{11} & K & R_{1n} \\ M & O & M \\ R_{n1} & L & R_{nn} \end{matrix} \tag{11}$$

通过五位专家的数据，计算 $R_{ij}$，代入式(11)，得到具体的相关矩阵 $R$。

用 $P_i$ 表示相似矩阵 $R$ 中第 $i$ 行之和，即：

$$P_i = \sum_{j=1}^{n} R_{ij} \tag{12}$$

## 四、准则目标下子准则指标权重的确定

方法与计算四个准则层目标的权重类似，先算出第 $i$ 个准则层目标下的第 $j$ 个子准则层的相对权数 $a_{ij}$，再根据式（3）计算出第 $i$ 个准则层目标下的第 $j$ 个子准则层指标的实际权数 $b_{ij}$。

## 五、具体评价指标权重的确定

方法同上，先算出第 $i$ 个准则层目标第 $j$ 个子准则层指标下第 $k$ 个具体评价指标的相对权数 $c_{ijk}$，再根据式（6）计算出第 $i$ 个准则层目标第 $j$ 个子准则层指标下第 $k$ 个具体评价指标的实际权数 $d_{ijk}$。

# 第四节 评价指标指数的确定

牧区民生发展评价指标体系是由四个层次构成的，发展是一个包含多方面、多层次内容的复杂概念，其本质是从低级到高级的结构变化过程。任何一个单一

性的指标都难以完整反映综合发展水平，因而决定了牧区经济社会发展水平的综合评价必须采取多指标综合评价方法。在国内外众多的综合评价方法中，主成分分析法和熵值法是近年来得到广泛应用的多指标综合评价方法。本指标体系采用几何平均法、主成分分析法和熵值法相结合的方法处理指标体系的权重问题。在指标体系的三个子系统内部的指标层分别采取主成分分析法构成新指标，新指标是原指标的线性组合，不仅充分反映原指标的信息，并且简化具体指标。在子准则层采用熵值法确定各子准则层的权重，进而得出各准则层的权重，在目标层对准则层采用几何平均法确定权重，即三个子系统采用平均赋权的方法，计算出目标层指数（总指数），即牧区发展水平综合指数。

## 一、主成分分析法与熵值法的比较

主成分分析法是从指标间的重复信息量出发赋权的，而熵值法是根据指标的变异信息量确定权数；主成分分析法消除了变量相关性对综合评价的影响，熵值法却不能消除相关性的影响；主成分分析法在尽可能地反映原来指标信息的基础上，选出几个综合指标来代替原来指标，使定量分析所涉及的变量较少，而熵值法不能减少评价指标的个数；主成分分析法对于数据没有特别的要求，而熵值法需要完整的样本数据，数据标准化后如为负值也不能直接参与计算①；主成分分析法中的综合评价值与变量是线性关系，而熵值法的综合评价结果与变量不是线性关系。

由于牧区民生发展评价指标体系所包含的指标较多，指标之间有一定的相关性，存在重复信息，因此先采用主成分分析法从指标体系的三个组成部分中选出一组新的相互无关的综合指标来代替原来指标，这样既排除了在指标选择和权数确定时的主观因素的影响，又可以消除指标间相互重叠的信息影响。其后再用熵值法确定五个子系统中各个部分的权重。

## 二、主成分分析法

主成分分析法的基本原理是设法将原来指标重新组合成一组新的相互无关的

① 潘建伟，张丰兰，张立中，朱晓俊. 牧区经济社会发展研究（第一版）［M］. 北京：中国经济出版社，2009.

几个综合指标来代替原来指标，同时根据实际需要从中选取几个综合指标尽可能多地反映原来指标的信息。这种方法是通过计算各个候选指标在各个样本之间的方差，依次作为指标选择的依据，将各个样本之间具有较大方差的那些指标抽取出来，作为构建综合评估指标体系的元素，而将样本之间差距不大的那些指标加以排除，从而构建一个综合评价函数：

$$F_i = a_{1i}X_1 + a_{2i}X_2 + \cdots + a_{pi}X_p$$

$$i = 1, 2, 3, \cdots, m$$

其中，$m$ 是样本个数，$a_{pi}$是综合因子 $X_p$ 的权数，它是根据 $X_p$ 的贡献率确定的，即 $X_p$ 的方差占全部总方差的比重确定的。

主成分分析法的步骤如下：

第一步，将原始数据标准化，以消除量纲的影响。一般采用 Z - Score 标准化公式：

$$Z_i = \frac{X_i - Y_i}{S_i}$$

其中，$Y_i$ 为第 $i$ 个指标的均值，$S_i$ 为标准差。对于逆指标，在其标准化值上乘以 -1 化为正指标。

第二步，根据标准化后的数据建立变量的相关系数矩阵。

第三步，求相关系数矩阵的特征值及相应的单位特征向量。

第四步，计算方差贡献率，并选出累积方差贡献率大于 85% 的主成分。

第五步，根据所选出的主成分及相应的方差贡献率计算出综合评价值。

## 三、熵值法

熵值法是一种客观赋权法，主要是根据各指标值所包含的信息量的大小，即指标的变异信息量来确定权重。指标的信息量越大，不确定性就越小，熵就越小，权重越大，指标就越重要，且满足 $0 \leqslant a \leqslant 1$ 和 $\sum a_j = 1$。熵权的大小与被评价对象有直接的关系，它表示在给定被评价对象以及各评价指标的条件下，各指标在竞争意义上的激烈程度，而不是评价问题中某指标实际意义上的重要系数。熵值法的主要步骤如下：

第一步，将原始数据标准化，以消除量纲的影响。一般采用 Z - Score 公式进行标准化。对于逆指标，在其标准化值上乘以 -1 化为正指标。另外，为消除负值，做坐标平移，可根据标准化后的数据确定平移数值大小，即令：

$X_{ji}=X_{ji}+A$；$i=1，2，3，\cdots，m$；$j=1，2，3，\cdots，n$

其中，$m$ 为样本个数，$n$ 为指标数。

第二步，计算第 $j$ 个指标下第 $i$ 年份指标的比重。

$$P_{ji}=z_{ji}/\sum z_{ji}$$

第三步，计算每个指标的熵值。

$$H(z)=-\sum f(z_{ji})\ln(z_{ji})=-k\sum P_{ji}\ln P_{ji}$$

令 $k=1/\ln m$，使得 $0\leqslant H(z)\leqslant 1$

第四步，计算第 $j$ 项指标的差异性系数。

$$g_i=[1-H(z)]/[n-\sum H(z)]$$

其中，$n$ 为主成分法确定的指标数。

第五步，定义第 $j$ 项指标的权数。

$$a_j=g_j/\sum g_i$$

第六步，计算第 $i$ 年份的牧区发展综合指数。

$$ZH_i=\sum a_j p_{ji}$$

对一个区域经济社会发展水平的综合评价，需要建立一个完整、统一的指标体系，而事实上这样的指标体系很难确定。由于牧区在不同的时期、不同的条件下，其自然、经济、社会状态不同，因而具有不同的特点，其不同的特点难以确定一致性的指标体系。区域所处的发展阶段不同，需要不同的指标来监测，同一区域在不同时期要求使用的指标也不完全一样。牧区发展评价指标体系也需随着时间的推移和区域的进步而进行不断地调整与完善。

发展指标的作用具有时效性和有限性，使评价指标成为完全客观而全面的测量尺度是很困难的。事实上，把评价指标作为发现发展中存在的问题的工具才是现实的出发点。当然，认识测度指标效用的有限性和时效性，丝毫不意味着测度指标的重要作用会因此而减弱。世界各主要国家和国际组织仍在坚持不懈地寻求更为完善和更为实用、更好地反映发展观进步的测度指标体系。

# 参考文献


［1］付启敏，崔京哲．当前内蒙古自治区农村牧区可持续发展过程中存在的主要问题和对策建议［J］．前沿，2012（12）：115－117.

［2］苏文．内蒙古牧区公共服务供给方式研究［J］．北方经济，2012（10）：33－35.

［3］陈红宇．内蒙古农村牧区公共文化服务绩效评估研究［J］．北方经济，2012（24）：3－5.

［4］阿鲁科尔沁旗统计局.2012年阿鲁科尔沁旗统计年鉴．［EB/OL］．http：//www.kerqin.gov.cn/2013－01.

［5］阿法纳西耶夫．社会管理中的人［M］．北京：知识出版社，1983.

［6］胡锦涛．论构建社会主义和谐社会［M］．北京：中央文献出版社，2013.

［7］习近平．摆脱贫困［M］．福州：福建人民出版社，2014.

［8］人民日报社理论部．深入领会习近平总书记重要讲话精神［M］．北京：人民出版社，2014.

［9］中共中央文献研究室．十八大以来重要文献选编（上）［M］．北京：中央文献出版社，2014.

［10］李俊杰．集中连片特困地区反贫困研究——以乌蒙山区为例［M］．北京：科学出版社，2014.

［11］刘世庆等．高原牧区发展研究——长江上游川西北例证［M］．北京：社会科学文献出版社，2012.

[12] 谢冰．贫困与保障——贫困视角下的中西部民族地区农村社会保障研究［M］．北京：商务印书馆，2013.

[13] 王丽华．农村反贫困与就业援助专项制度建设研究［M］．北京：民族出版社，2012.

[14] 杜青林．中国草业可持续发展战略研究［M］．北京：中国农业出版社，2006.

[15] 王曙光．社会参与、农村合作医疗与反贫困［M］．北京：人民出版社，2008.

[16] 盖志义．制度视域下的草原生态环境保护［M］．沈阳：辽宁出版社，2008.

[17] 盖志义．新牧区建设与牧区政策研究［M］．沈阳：辽宁出版社，2011.

[18] 沈亚芳等．中国农村的教育贫困与教育补偿机制研究［M］．上海：上海财经大学出版社，2011.

[19] 王永红．美国贫困问题与扶贫机制［M］．上海：上海人民出版社，2011.

[20] 朱玲等．以工代赈与缓解贫困［M］．上海：格致出版社，2014.

[21] 杨立雄等．中国农村贫困线研究［M］．北京：中国经济出版社，2013.

[22] 马军．基于公共政策视角的内蒙古牧民增收研究［D］．内蒙古农业大学博士学位论文，2009.

[23] 李学．城乡二元结构问题的制度分析与对策反思［J］．公共管理学报，2006，3（4）：87－89.

[24] 刘娜．我国社会政策运行机制存在的问题及其对策［J］．理论学刊，2012（2）：78－82.

[25] 楚永生，张蕴萍．农村公共物品供给制度缺陷及化解对策［J］．理论学刊，2006（12）：72－74.

[26] 李红凤．健全解决民生问题的公共财政制度探讨［J］．对外经贸，2010（1）：147－149.

［27］胡学珍．浅谈建立和改善民生长效机制问题［J］．时代金融，2012（36）．

［28］邹海燕．建立改善民生的长效机制［J］，企业家天地理论版，2008（2）：198－199.

［29］张志敏，冯春安．中国宏观调控理论的演变、纷争与挑战［J］．经济学动态，2009（1）：42－46.

［30］张振敏．内蒙古牧区生态减贫研究［D］．中国农业科学院博士学位论文，2013.

［31］叶佳桂．浅谈影响民生发展的体制问题［J］．中国集体经济，2011.

［32］王娜．辽宁省民生发展水平的统计分析及综合评价［D］．辽宁大学硕士学位论文，2013.

［33］沈满洪，谢慧明．公共物品问题及其解决思路［J］．浙江大学学报（人文社会科学版），2009（10）：45－47.

［34］陆华梁．公共政策视角下的内蒙古牧区可持续发展研究［D］．内蒙古大学硕士学位论文，2013.

［35］孟醒．统筹城乡社会保障［M］．北京：经济科学出版社，2005.

［36］陈良谨．社会保障教程［M］．北京：经济科学出版社，2005.

［37］葛寿昌．社会保障经济学［M］．上海：复旦大学出版社，1990.

［38］郑秉文，和春雷．社会保障分析导论［M］．北京：法律出版社，2001.

［39］郑功成．社会保障学［M］．北京：商务印书馆，2000.

［40］A. C. 庇古．福利经济学（上）［M］．朱泱，张胜纪，吴良健译．北京：商务印书馆，2006.

［41］格拉夫．理论福利经济学［M］．夏炎德译·北京：商务印书馆，1980.

［42］傅红春．满足与幸福的经济学［M］．上海：上海人民出版社，2008.

［43］奚恺元，张国华，张岩．从经济学到幸福学［J］．上海管理科学，2003（3）．

［44］黄有光．福利经济学［M］．北京：中国友谊出版社，1991.

[ 45 ] Stewar. F. Citizens of the planet Earth [ M ] //Andrews G. Citizenship. London: Lawrence and wishart, 1991.

[46] Bart. V, an steenbergen. The condition of citizenship [M]. London: sage, 1994.

[47] Christoff. P. Ecological citizens and ecologically guided democracy [M] // Doherty. B, Geus. M. Democracy and green political thought: sustainability, rights and citizenship, London: Rout – ledge, 1996.

[48] Barry J. Rethinking green politics: nature, Virtue and progress [M]. London: Sage, 1999.

[49] Perek · Bell · Liberal environmental citizenship [J]. Enviroment Politics 2005, 14 (2).

[50] Easterlin · R. Does Rapid Economic Growth Improve the Human Lot? Some Empirical Evidence. Nations and Houreholds in Economic Growth. New York: Academic Press, 1974.

[51] 西托夫斯基，无快乐的经济学 [M]. 高永平译. 北京：中国人民大学出版社，2008.

[52] 阿马蒂亚·森. 伦理学与经济学 [M]. 王宇，王文玉译，北京：商务印书馆，2006.

[53] 理查·莱亚德. 不幸福的经济学 [M]. 陈佳伶译，北京：中国青年出版社，2009.

[54] Welsch, Heinz. Implications of Happiness Research for Encromental Economics. Ecological Economics [M]. London: sage, 1999.